UNE EXCURSION
ÉLECTORALE

PARIS. — IMP. SIMON RAÇON ET COMP., RUE D'ERFURTH, 1.

UNE EXCURSION

ÉLECTORALE

PAR

UN HABITANT DE CHATEAU-THIERRY

PARIS

AMYOT, LIBRAIRE-ÉDITEUR

6, RUE DE LA PAIX, 6

1863

AVIS AU LECTEUR

L'entretien que j'eus, il y a deux ans, dans une des tribunes de la Chambre, avec l'honorable M. Durozet, me parut tellement intéressant que j'en rédigeai le récit détaillé pour quelques amis. Ceux-ci m'engagèrent à le publier. Par l'accueil qu'il voulut bien faire à *Mon Voyage au Corps Législatif*, le public prouva qu'ils avaient eu raison de faire violence à ma modestie.

Étant revenu ces jours derniers à Paris, je me souvins que l'honorable M. Durozet, m'avait instamment engagé à l'aller voir. J'y fus deux fois. Nous causâmes sérieusement des affaires publiques. L'approche des élections donnant à ces nouveaux entretiens une importance particulière, je crois faire acte de patriotisme, en les livrant comme le premier, à l'appréciation de mes concitoyens.

Casimir P***.
De Château-Thierry.

Paris, 15 avril 1863.

PREMIER ENTRETIEN

LA SITUATION A VOL D'OISEAU

LA SITUATION A VOL D'OISEAU

CASIMIR. Oui, monsieur, cette conversation eut sur le développement de ma pensée une influence décisive. Vous m'avez ouvert les arcanes de la science, ou plutôt de l'art politique. J'ai médité. J'ai observé. J'ai puisé aux sources excellentes que vous m'aviez signalées : j'ai lu Tocqueville, Nouvion, Guizot.

M. DUROZET. Et Bastiat?

CASIMIR. Bastiat aussi, et d'autres encore! J'ai compulsé nos annales parlementaires. Je me suis abonné au *Courrier du Dimanche*. Mais je dois vous le dire franchement, j'ai obtenu de cette étude ap-

1.

profondie un résultat tout contraire à celui que j'attendais et que vous m'aviez annoncé.

M. Durozet. Bah !

Casimir. *Je vois, je sais, je crois, je suis désabusé*, comme dit Pauline. *Je suis*... un libéral !

M. Durozet. Tant mieux !

Casimir. Un ennemi déclaré de l'Empire.

M. Durozet. Tant pis !

Casimir. Ah ! monsieur, qui dit l'un dit l'autre.

M. Durozet. Cela dépend de ce que vous entendez par le mot *libéral*.

Casimir. Il n'a qu'un sens, monsieur : un libéral est un admirateur des institutions anglaises, qui veut à tout prix les introduire dans notre pays.

M. Durozet. *A tout prix* est fort bien dit. Question de prix en effet... Prenez garde de ressembler à ces cultivateurs en bottes vernies qui appliquent à grands frais chez eux tous les systèmes nouveaux et se ruinent... en procédés économiques ! Cher monsieur, je ne suis pas un agronome, moi, mais un paysan. Avant de prendre la méthode du voisin, je veux savoir, non ce qu'elle a produit chez lui, ce qu'elle produirait chez moi. Avant de transplanter dans mon champ l'arbre qui a réussi dans le sien, je veux être sûr qu'il s'y acclimatera, et surtout je prends soin de préparer ma terre! Il est fort beau, j'en conviens, cet arbre aux mille rameaux vigoureux dont vous voulez nous gratifier. Rivé à la terre par de profondes racines, il se rit des ouragans les plus fougueux...

Casimir. Mais?

M. Durozet. Mais vous ne pourriez le transplanter tout venu... avec ses attaches séculaires et le ferme terrain qu'elles étreignent. Voudriez-vous, comme vous l'avez déjà fait deux fois, le planter sans racines? Il ne mordrait pas sur notre sol, si différent de celui où il est né; le moindre coup de vent l'abattrait de nouveau. L'œuvre du temps ne se supprime pas. Commencez donc par le commencement. Pas de transplantation artificielle. Semez la graine; ne la déterrez pas aussitôt, comme font les enfants, pour la voir pousser; laissez-lui le temps de croître et de se développer d'elle-même... Mais auparavant, pour qu'elle puisse germer, refaites votre sol, remplacez-y le sable léger par une terre grasse et forte; arrachez les végétations malfaisantes qui l'épuisent et surtout ces plantes parasites qui se nomment les partis...

Casimir. Ah! les partis! les anciens partis! Voilà le grand mot. J'étais étonné de ne pas le voir venir. C'est votre croquemitaine. C'est le *spectre rouge* de 1863. Mais ils sont morts, monsieur, les anciens partis. Ils vous le répètent eux-mêmes tous les jours avec une énergie...

M. Durozet. Qui révèle encore quelque souffle... Vous rappelez-vous le mot de ce sergent chargé de ramasser les morts sur un champ de bataille. « En-« core un qui réclame? si on écoutait ces gaillards-« là, ils seraient tous en vie. » Moi, je dis : « Si on « écoutait ces gaillards-là, ils seraient tous enter-« rés! » J'avoue que ces protestations d'outre-tombe me paraissent suspectes.

Casimir. Eh bien! Quand ils ne seraient pas morts, quand ils se porteraient comme vous et moi, serait-ce donc un tel malheur? Les partis ne sont-ils pas nécessaires à tout pays qui veut être libre? Sans partis, monsieur, pas d'activité, pas d'émulation, pas de vie politique en un mot. M. Guizot vous le dit : « Il faut des partis, de grands partis avoués, dis-« ciplinés, fidèles, qui, soit au pouvoir, soit dans « l'opposition, s'appliquent à faire prévaloir les « principes et les intérêts qu'ils ont pris pour foi et « pour drapeau. »

M. Durozet. A faire prévaloir des principes et des intérêts? soit; mais non des prétendants!

Casimir. Il y a des partis en Angleterre, en Amérique, en Hollande, en Belgique, en Italie, dans tous les pays libres.

M. Durozet. Sans doute, mais là, derrière chaque

parti, il y a une idée ; chez nous, un homme. Là, on est whig ou tory, clérical ou libéral, etc... Chez nous, orléaniste ou henriquinquiste, napoléonien ou républicain. Cela est si vrai, que le mot de parti catholique lui-même, malgré l'immense intérêt qu'il représente, n'a pu se faire admettre parmi nous, et que les catholiques y sont, bon gré, mal gré, cotés légitimistes.

CASIMIR. Vous aurez beau dire, il faut des partis.

M. DUROZET. Mais non des factions ! Comprenez donc la différence, et cessez cette équivoque. Tant que la dynastie ne sera pas au-dessus de toute contestation ; que nous aurons des prétendants ; que les d'Orléans ne se seront pas effacés, comme les Bourbons vont le faire, nos partis dégénéreront forcément en factions. Oseriez-vous soutenir qu'un gouvernement représentatif dût vivre avec des factions aux flancs? Le gouvernement représentatif, c'est un wagon fermement posé sur ses rails entre deux locomotives (je nomme ainsi les deux grands partis que seuls j'admets, le parti rétrograde et le parti révolutionnaire). Selon que l'opinion chauffe l'une ou l'autre, la machine avance ou recule tranquillement, doucement, sans la moindre secousse. Si les deux forces s'équilibrent, elle reste stationnaire : c'est encore plus sûr ! Mais supposez qu'en dehors de ces forces normales, prévues, réglées, de petites locomobiles arrivent de toutes parts, et, réunissant leurs efforts, la tirent tantôt de droite, tantôt de gauche ; que peut-il arriver, dites-le-moi, si ce n'est un déraillement ?

CASIMIR. Je ne suis pas cultivateur, encore moins ingénieur, et j'avoue qu'à travers vos métaphores techniques j'ai quelque peu perdu le fil de votre raisonnement... Où vouliez-vous en venir ?...

M. DUROZET. A vous répéter ce que je lisais récemment dans un journal de province assez bien fait : « La liberté se prend et ne se reçoit pas... « L'Angleterre a pris la liberté dont elle jouit, ce « sont ses mœurs qui la lui ont donnée et qui la lui « conservent. C'est donc à donner à la France les « mœurs de la liberté que nous devons travailler si « l'on veut que la liberté se développe. » Patientons encore un peu. La liberté nous viendra naturellement quand nous aurons les reins assez forts pour la porter. Nous ne pourrions encore la recevoir sans péril. Nous ne sommes pas mûrs !

CASIMIR. Sauf votre respect, monsieur, cette théorie me semble avoir quelque rapport avec celles de M. de La Palisse... Elle signifie, si je l'ai bien comprise, que nous ne devons nous mettre à l'eau avant de savoir nager. Attendre, dites-vous ?... et jusqu'à quand ? Refaire notre sol ?... Mais sans le remuer ! Nous ne sommes pas mûrs ? mais comment mûrirons-nous, corbleu ! si nous fuyons l'air, le soleil et la pluie ? Puisque nous voulons nous fortifier, sachons supporter tout cela. Exposons-nous courageusement à toutes les intempéries de la vie publique...

M. Durozet. Ce qui signifie en bon français : Subissons encore quelques petites révolutions...

Casimir. Eh! mon Dieu! plus les secousses seront nombreuses et fortes, plus la maturité viendra vite. Pour donner au vin une prompte vieillesse, on ne le laisse pas dormir dans sa cave sur un bon lit de sable ; on lui fait subir les cahots répétés d'un voyage au long cours. Vous aimez les métaphores? Celle-ci vous prouvera, je pense, qu'en humant béatement les délices de l'ordre on ne saurait acquérir un tempérament libéral... D'ailleurs, êtes-vous sûr qu'il y ait tant à faire? Je crois que c'est un argument! Quand je vois des mains piémontaises, belges, espagnoles, et même, monsieur, des mains autrichiennes manier la liberté, j'admets difficilement que les nôtres aient plus de peine à la toucher sans la briser.

M. Durozet. A quoi vous sert l'histoire, monsieur?... Pourquoi sommes-nous moins aptes que ces peuples à manier la liberté? Je vais vous le dire. D'abord, parce que nous avons plus d'esprit...

Casimir. Bon défaut!

M. Durozet. Pas en politique!... En second lieu, nous avons plusieurs prétendants, je ne veux pas revenir sur ce sujet ; mais vous parlez de l'Espagne; demandez-lui ce que coûtent les prétendants et leurs factions. Troisièmement, nous n'avons pas d'aristocratie ; les diverses classes, et dans chaque classe les divers groupes d'individus n'ont aucun lien entre eux ; l'individualisme est poussé à ses dernières limites et prête à la centralisation toute sa force[1]. Quatrièmement, nous avons un triste caractère. Nous attendons tout, tout, tout du gouvernement, et pourtant, critiquer, attaquer, ébranler le gouvernement,

[1] Par suite de tous ces défauts le gouvernement représentatif n'a jamais sincèrement fonctionné chez nous. Dans une lettre récemment publiée, le comte de Chambord disait très-justement : « La décen- « tralisation n'est pas moins indispensable pour asseoir sur de solides « fondements le régime représentatif, juste objet des vœux de la « nation. L'essai qui a été fait de ce régime à l'époque où la France « avait voulu confier de nouveau ses destinées à la famille de ses « anciens rois, *a échoué* pour une raison très-simple : c'est que le « pays qu'on cherchait à faire représenter n'était organisé que pour « être administré. » — Voilà maintenant ce qu'écrivait, le 11 décembre 1840, à M. Guizot, un député de ses amis : « Au reste, il « (c'est du président du conseil qu'il s'agit) devint de moins en « moins remuant et de plus en plus absorbé par les intérêts indivi- « duels et matériels. Si le culte de ces intérêts n'est pas suffisant « pour faire les grandes nations, il aura été dans cette occasion une « sauvegarde précieuse, et, *dans l'absence de tous autres liens*, « aura maintenu l'ordre social. Une démocratie fortement centrali- « sée, fortement gouvernée, voilà tout ce qu'on peut espérer de « constituer dans ce pays-ci ; quant à un véritable gouvernement re- « présentatif, rêve d'âmes libres et généreuses !... Ce rêve a été le « mien, je m'en suis nourri à votre école ; ce sera un de mes plus « chers souvenirs et votre amitié, si vous voulez bien me la continuer, « me dédommagera de tous ces mécomptes. »

(*Revue rétrospective*, p. 288.)

est notre plus grand bonheur. Il faut presque du courage en France pour avouer qu'on est l'ami du pouvoir. L'opposition n'y est pas comme ailleurs, le camp retranché des esprits indépendants, c'est le terrain vulgaire où se rue la foule des petits caractères et des esprits mous. Elle y est tellement instinctive, tellement banale, que les natures un peu fières pour cela seul la dédaignent. « J'ai peu de « goût naturel pour l'opposition, dit M. Guizot, et « plus j'ai avancé dans la vie, plus j'ai trouvé que « c'était à la fois un rôle *trop facile* et trop périlleux. Il *n'y faut pas un grand mérite pour réussir*, « et il y faut beaucoup de vertu pour résister aux « entraînements du dehors et à sa propre fantaisie[1]. »

CASIMIR. Ne blâmez pas trop vivement ce goût d'opposition. Il vient d'un noble sentiment. Notre générosité naturelle nous éloigne du parti fort qui est le pouvoir, pour nous rapprocher du parti faible qui est celui de ses ennemis. La cause des vaincus nous plaît comme à Caton. Cette préférence nous honore.

[1] A cet aveu, l'illustre homme d'État en ajoute un qui n'est pas moins précieux : « Une autre vérité commençait aussi dès lors à « m'apparaître : dans nos sociétés modernes, quand la liberté s'y « déploie, la lutte est trop inégale entre ceux qui gouvernent et ceux « qui critiquent le gouvernement ; aux uns tout le fardeau et une « responsabilité sans limites ; on ne leur passe rien ; de leur part, on « accepte et l'on tolère tout. Telle est, *du moins chez nous*, dès « que nous sommes libres, la disposition publique. »

M. Durozet. Je ne le nie pas. Mais le don-quichotisme est la dernière des vertus politiques. Interrogez là-dessus les Anglais !... Quoi qu'il en soit, cet esprit de dénigrement, cette mobilité, cette défiance de soi-même, ce besoin de la tutelle gouvernementale, etc., tous ces défauts en nous ne datent pas d'hier. M. de Tocqueville vous les montrera tout aussi florissants sous l'ancien régime[1], et je crois même qu'en lisant le portrait que César traçait de nous, il y a deux mille ans, vous les verriez déjà poindre. C'est donc une vieille maladie; il est un peu fou de la vouloir guérir en un jour... Mais, voyez-vous, cette discussion de principes durerait bien longtemps sans beaucoup avancer. Descendons, si vous le voulez bien, sur le vulgaire terrain des faits. J'imagine que nous y marcherons plus vite. Puisque nous ne pouvons établir la valeur théorique des divers systèmes gouvernementaux, examinons leur efficacité pratique. Voyons ce qu'ils ont fait; jugeons-les par leurs résultats.

Casimir. C'est là une pauvre manière de raisonner, et je ne puis, en vérité, l'accepter... De ce que nous aurions commis quelques fautes jadis, s'ensuit-il nécessairement que nous en commettrions encore?

M. Durozet. Je connais cette défaite : mais si je ne

[1] Voir *l'Ancien régime et la Révolution*, p. 345.

puis consulter ce que vous avez fait, pour deviner ce que vous feriez, sur quoi donc vous pourrai-je juger?

Casimir. Sur les doctrines que nous professons, sur nos promesses!

M. Durozet. Ah! les promesses politiques! ne m'en parlez pas! J'en ai trop vu défiler! Promesses d'éligible voulant être élu, d'élu voulant être ministre, de parti aspirant au pouvoir, d'héritier présomptif attendant la couronne, vous vous ressemblez toutes et je vous connais! Le prince de Galles est de l'opposition : c'est un principe. Aujourd'hui, messieurs les mécontents, vous êtes fort unis. Des journaux et des revues, auberges fort hospitalières, vous accueillent tous, sans regarder vos passe-ports, sans vous demander où vous allez ni d'où vous venez. Et là, fraternellement assis autour de la même table, vous portez un toast unanime à de meilleurs destins, — que vous vous gardez bien de définir. C'est une merveilleuse harmonie. Mais si, par hasard, nous nous laissions charmer par ce concert, si nous consentions à vous suivre, qu'arriverait-il? Votre troupe si bien unie ne se diviserait-elle pas? chacun ne reprendrait-il sa route différente et ne voudrait-il nous emmener avec lui?... Tenez! les légitimistes sont fort libéraux aujourd'hui : qui me garantit qu'ils le seraient encore quand l'intérêt d'opposition ne les y forcerait plus?

Casimir. Vous n'avez pas le droit de suspecter leur bonne foi.

M. Durozet. J'ai ce droit, au contraire... car je n'ai pas oublié le temps où ils réclamaient bruyamment le suffrage universel, promettant de recevoir à genoux ceux que leur enverrait le scrutin populaire. Je n'ai pas oublié les magnifiques discours qu'on nous brodait sur ce thème... Les vœux se sont réalisés. Le suffrage universel a parlé : les voyez-vous tous à genoux ?

Casimir. Mon Dieu ! si je repousse votre raisonnement par analogie, c'est que je le trouve peu convaincant. Ne croyez pas qu'il m'effraye. Puisque vous y tenez absolument, je m'y soumets sans crainte et de grand cœur, j'accepte la comparaison.

M. Durozet. Pour les affaires étrangères... elle sera je crois superflue ?

Casimir. Et pourquoi ?

M. Durozet. Vous ne m'accordez pas la supériorité ?

Casimir. Non certes.

M. Durozet. N'avons-nous pas battu l'Autriche, la Russie ?

Casimir. Sans nécessité.

M. Durozet. Affranchi l'Italie ?

Casimir. Belle besogne! Mieux eût valu s'occuper de la Pologne.

M. Durozet. Qu'avez-vous donc fait pour elle?

Casimir. Des vœux infatigables.

M. Durozet. Puis?

Casimir. Que pouvions-nous de plus?

M. Durozet. J'aime à vous l'entendre dire... Nous avons déchiré les traités de 1815...

Casimir. Le temps les avait consacrés. Notre orgueil n'en souffrait plus!

M. Durozet. Acquis deux provinces:..

Casimir. Je n'aime pas les guerres de conquête!

M. Durozet. Nous avons montré notre pavillon victorieux dans les contrées les plus lointaines, et porté jusqu'au bout du monde le nom glorieux de la France. Connaissez-vous dans nos riches annales rien de plus extraordinaire, de plus fabuleux, que cette petite expédition de Chine, déjà presque oubliée! On lance une poignée de braves sur une terre inconnue à travers des *milliards* d'ennemis; on leur dit: « Allez prendre Pékin, » et six mois après ils reviennent les mains dans les poches en disant: « C'est fait. » Et personne n'en paraît plus surpris qu'eux-mêmes. Mais on verra ce qu'en diront nos petits-neveux! — Et notre établissement de Cochinchine, qu'en pensez-vous?

CASIMIR. Je n'aime pas les colonies. M. Thiers disait un jour très-justement à la tribune en parlant de l'Empire. « *La France alors n'avait pas renoncé à être une puissance maritime et coloniale de premier ordre, mais aujourd'hui elle s'est éclairée sur la véritable voie de sa grandeur... Y a-t-il quelqu'un en France aujourd'hui qui songe à des possessions lointaines?...* »

M. DUROZET. « *Ils sont trop verts, dit-il.* »

CASIMIR (reprenant). « *Tout le monde sent que notre véritable grandeur est sur le continent.* »

M. DUROZET. C'est d'une rare modestie... Je crois pourtant que nous pouvons prétendre à mieux; que l'hégémonie des marines secondaires,— votre rêve! — n'est pas le terme suprême assigné à notre ambition, et que les colonies ont du bon... Je n'ose plus vous parler de la Syrie, de l'Abyssinie, de Madagascar...

CASIMIR. Parlez-moi donc du Mexique?

M. DUROZET. Ah! vous ne songez naturellement qu'à cette expédition-là. Elle est longue, j'en conviens. Mais à qui la faute? Pouvait-on croire qu'il serait plus difficile d'aller à Mexico que d'aller à Pékin?... On avait tout prévu, d'ailleurs, quoi que vous en disiez, tout, excepté la trahison.

CASIMIR. Il n'y a pas eu trahison, je le sais de bonne source.

M. Durozet. De bonne source? Est-ce que vous auriez aussi fait venir votre petit dossier de Mexico?

Casimir. Oh! monsieur!

M. Durozet. Je plaisante... Quoi qu'il en soit, ces expéditions répétées nous ont fait respecter de tous les peuples.

Casimir. Dites: craindre, je vous prie.

M. Durozet. Nous avons repris en Europe notre place naturelle : la première. Le rêve de Frédéric est réalisé : il ne se tirerait pas un coup de canon sur le continent sans notre agrément. Vers notre souverain se tournent à la fois les peuples opprimés et les princes dans l'embarras. Tous ses frères et cousins sont venus le voir aux Tuileries[1]. Des ambassades

[1] « Votre Majesté verra par la dépêche de M. de Bois-le-Comte que le roi des Pays-Bas annonce tout haut, aux Français du moins, son intention de venir en France. Je crois qu'en effet il y viendra, et je le crois aussi du grand-duc de Schwerin .. En général, sire, je crois que les princes étrangers qui ne nous veulent pas précisément de mal, qui ne se sont pas constitués nos adversaires, ont au fond du cœur, par curiosité, par attrait de la nouveauté, par goût d'amusement, par l'empire qu'exerce sur eux la renommée du roi qui honore et défend aujourd'hui si bien tous les trônes, le désir sincère et assez vif de se rapprocher de nous et de venir à Paris. Mais ils sont retenus par la mauvaise peur, la mauvaise honte, l'habitude prise, les paroles dites. J'ai la confiance que la ferme continuation et le succès prolongé de la bonne politique du roi surmonteront ces obstacles et donneront à ces princes le courage qu'ils n'ont pas et qu'ils seraient bien aises de prendre. »

(Lettre de M. Guizot au roi, 27 septembre 1842 (*Revue rétrospective*, p. 149.)

marocaine, japonaise, siamoise, plus sérieuses que celles de Louis XIV, ont défilé sur nos boulevards. La reine d'Angleterre elle-même nous a rendu deux fois visite. Elle s'est inclinée devant le tombeau de Napoléon Ier. A la naissance du Prince Impérial, les colléges d'Angleterre ont eu trois jours de congé (plus que ceux de France!), et l'on vit un jour, chose inouïe, lord Palmerston tomber pour pour avoir trop chaudement épousé notre cause.

CASIMIR. Quoi! sérieusement, vous vous vantez d'avoir compromis l'entente cordiale? Singulier sujet d'orgueil! Mais l'entente cordiale, monsieur, c'est la clef de voûte de l'ordre européen; mais l'union des deux pays est essentielle au bonheur du globe, mais, pour la maintenir, nous devrions tout sacrifier, tout, entendez-le bien, tout, jusqu'à la stérile satisfaction d'entendre nommer la France la première parmi les nations du monde. Ah! malheur à vous, si vos susceptibilités excessives venaient briser ce précieux accord et nous forcer à trahir l'une de nos affections les plus chères! Car les libéraux ont deux patries, ne l'oubliez pas! La France est leur patrie matérielle, l'Angleterre la patrie de leur âme et de leur intelligence...

M. DUROZET. A merveille!

CASIMIR. Si, par malheur, une lutte insensée divisait leurs deux mères, je ne sais pour laquelle devrait opter leur cœur... Je pense cependant qu'ils resteraient sourds à l'instinct du sang, qu'ils céderaient à des considérations plus hautes...

M. Durozet. Et qu'ils diraient sans doute, avec leur grande patronne, Mme de Staël : « *S'il fallait qu'une des deux nations, la France ou l'Angleterre, fût anéantie, il vaudrait mieux que celle qui a cent ans de liberté, cent ans de lumières, cent ans de vertus, conservât le dépôt sacré que la Providence lui a confié*[1] ? »

Casimir. Je le crois !

M. Durozet. Voilà ce qui s'appelle un patriotisme accommodant !

Casimir. Ce qui s'appelle de la sagesse, monsieur! Vous êtes fier du bruit que vous faites aujourd'hui? Les destins sont changeants. Rira bien qui rira le dernier ! — L'Angleterre n'est pas descendue sans amertume de ce premier rang dont nous lui avions donné la douce habitude. Tôt ou tard elle vous fera bien payer son humiliation. L'Europe n'aime pas ceux qu'elle craint. Un jour vous la trouverez coalisée contre vous... Ah ! nous étions plus prudents, je puis dire plus habiles. Nous ne risquions pas ces grands intérêts pour le gain problématique d'une vaine gloriole. Le repos de l'Europe nous était cher. La France, de notre temps, était l'amie de toutes les puissances. Aucune ne la craignait.

M. Durozet. Parbleu !

[1] *Considérations sur la Révolution française.*

CASIMIR. La victoire est aisée à qui a dans sa main des bataillons français. Nous méprisions ces palmes vulgaires. Au-dessus de la gloire des armes, nous mettions la gloire, moins éclatante à coup sûr, mais plus sérieuse de la paix.

M. DUROZET. De la paix... quand même! Vous étiez trop gracieux, convenez-en. Je ne veux point parcourir avec vous l'histoire de votre politique extérieure, vous conduire au Maroc, en Suisse, en Belgique, aux îles Marquises, à Londres, à Washington, etc. Je vous épargnerai ce calvaire. Je vous prie seulement de vous rappeler ce qu'on disait alors de nous en Europe, en France même, et jusque sur les marches du trône. De qui pensez-vous que soient ces paroles : « A l'extérieur, où nous aurions pu chercher quelques-unes de ces satisfactions d'amour-propre si chères à notre pays, et avec lesquelles on détourne son attention de maux plus sérieux, nous ne brillons pas davantage? »

CASIMIR. Je ne sais... de M. Odilon Barrot?

M. DUROZET. Du prince de Joinville [1]! — Qui a dit : « Mieux vaut se noyer dans le Rhin que dans un ruisseau de la rue Saint-Denis? »

[1] Lettre au duc de Nemours, citée dans l'*Histoire de huit ans*, t. III, p. 322. — On lit encore dans cette lettre : « Séparés de l'Angleterre au moment où les affaires d'Italie arrivaient, nous n'avons pu y prendre une part active, *qui aurait séduit notre pays* et aurait été d'accord avec des principes que nous ne pouvons pas abandonner, car c'est par eux que nous sommes. »

Casimir. M. de Sade?

M. Durozet. Non.

Casimir. M. Lherbette?

M. Durozet. Pas davantage... le duc d'Orléans.

Casimir. Mon Dieu! que notre désir de bien faire ait pu nous mener trop loin, que notre courtoisie ait été parfois exagérée, j'en conviens. *Errare*, monsieur, *humanum est*. Mais les hommes seuls sont coupables. Le système ne doit pas porter la responsabilité de leurs fautes. Quels bons soufflets nous eussions évités, si le bonheur de la France eût voulu que l'ordre chronologique de nos ministres fût interverti. Écoutez M. Thiers [1], vous verrez que ce qui embarrassa M. Guizot eût été un jeu pour lui. Lisez M. Guizot [2], vous verrez comme il fût délicatement sorti des difficultés où s'abîma M. Molé. Celui-ci, à son tour, vous dira avec quelle fermeté il eût réglé le différend de Tahiti, et les affaires d'Orient. Une inexplicable fatalité fit précisément échoir à chacun de ces hommes d'État les questions sur lesquelles il se trouvait le moins éclairé.

M. Durozet. La solution était bien claire. Quand l'Europe vous poussait à bout, quand, feignant d'oublier ou d'ignorer votre existence, elle s'asseyait

[1] Circulaire électorale préparée par M. Thiers. — Voir l'*Histoire de huit ans*, p. 118.

[2] *Mémoires*, t. IV, p. 455.

sans vous attendre autour du tapis vert de la diplomatie, il fallait tirer le sabre! Que voulez-vous? nous aimons la guerre, on ne nous changera pas. Si vous l'aviez faite une bonne fois, vous seriez peut-être encore les maîtres.

CASIMIR. Nous connaissions cette faiblesse nationale. Tout en la déplorant, nous désirions la ménager. Sans dépenser un homme ni un sou, nous voulions procurer à nos concitoyens les béatitudes de la gloire militaire.

M. DUROZET. Difficile problème!

CASIMIR. Un ministre, homme d'esprit, l'avait résolu. Comme on ne lui permettait pas de monter de nouveaux drames, il en reprenait d'anciens... Il tournait nos yeux vers la colonne...

M. DUROZET. L'obélisque était moins flatteur en effet.

CASIMIR. Il nous chantait les refrains de la gloire impériale. Le retour des cendres fut un trait de génie.

M. DUROZET. Vous trouvez?

CASIMIR. Sans doute, le jour où M. de Rémusat, ministre de l'intérieur, vint dire à la tribune: « *Il fut empereur et roi, il fut le souverain légitime de notre pays. A ce titre, il pourrait être inhumé à Saint-Denis; mais il ne faut pas à Napoléon la sépulture ordinaire des rois. Il faut qu'il règne et commande encore*... » Ce jour-là, la Chambre fut prise d'un véritable accès de vertige patriotique [1]...

M. DUROZET. A qui le dites-vous ? j'y étais. Les voûtes du palais Bourbon faillirent s'écrouler. La séance ne put continuer.

CASIMIR. Si telle fut l'émotion de nos représentants, quelle dut être, monsieur, celle du pays lui-même !

M. DUROZET. Immense !... tout le monde pleurait le 15 décembre.

CASIMIR. N'était-ce pas fort adroit ?

M. DUROZET. Fort adroit ? exalter les souvenirs de la gloire impériale, proclamer à haute voix la légitimité de Napoléon, demander que son ombre régnât et gouvernât encore, quand, aux portes de France, se trouvait son héritier tout prêt à vous prendre au mot, à bénéficier de la légitimité, à régner pour le compte de l'ombre ?. . N'était-ce pas l'appeler, le provoquer à faire valoir ses titres ?

CASIMIR. Ces considérations n'avaient certainement point échappé à la perspicacité de nos hommes d'État. Ils avaient vu le péril : ils osèrent l'affronter... Faut-il les en blâmer ?

M. DUROZET. Allons ! vous ne m'accorderez décidément pas que la France de Juillet ait tenu moins

[1] *Moniteur* du 14 mai 1840.

de place dans le monde que la France de Décembre?

Casimir. Je vous accorde qu'elle a fait moins de bruit. C'est tout simple. Un gouvernement constitutionnel, surtout mal assis, est trop occupé chez lui pour pouvoir se montrer chatouilleux, pointilleux, susceptible. Il a le bras moins fort, évidemment, qu'un pouvoir absolu.

M. Durozet. Absolu? le mot est vif.

Casimir. Mais, écoutez bien : moins redoutés, nous étions plus aimés. Je préfère cette sympathique influence à votre puissance brutale. Je regrette la place que nous occupions alors dans le cœur de l'Europe. Je regrette ce temps.

M. Durozet. Hum! vous ressemblez fort, vous et vos amis, permettez-moi de vous le dire, au vieux guerrier dont parle Usbeck dans les *Lettres persanes*[1].

Casimir. Je ne connais pas cet auteur : vous ne me l'aviez pas indiqué! Je ne sais donc à qui vous

[1] « Et ce vieux homme, lui dis-je tout bas, qui a l'air si chagrin? je l'ai pris d'abord pour un étranger, car, outre qu'il est habillé autrement que les autres, il censure tout ce qui se fait en France et n'approuve pas votre gouvernement. — C'est un vieux guerrier, me répondit-on, qui se rend mémorable à tous ses auditeurs par la longueur de ses exploits. Il ne peut souffrir que la France ait gagné des batailles rangées où il ne se soit point trouvé, et qu'on vante un siége où il n'ait point monté à l'assaut. Il se croit si nécessaire à notre histoire, qu'il s'imagine qu'elle finit où il a fini; il regarde quelques blessures qu'il a reçues comme la dissolution de la monarchie. »

m'assimilez... mais je m'en tiens à cette conclusion : j'aime mieux avoir moins de gloire et plus de liberté, moins d'éclat au dehors, plus de bonheur chez moi !

M. Durozet. Vous étiez donc bien heureux ?

Casimir. Vous le demandez ! Mais nous vivions, monsieur, nous aspirions l'air libre à pleins poumons, l'odeur généreuse de la poudre à pleines narines.

M. Durozet. L'odeur de la poudre? Ah ! vous aimez cela? vous regrettez la bataille, les barricades, les émeutes sur cinq ou six points du territoire à la fois, et les tentatives d'assassinat contre le roi, si fréquentes (on en compta jusqu'à sept en six mois [1]), qu'un jour *le Charivari* publia cette nouvelle : « *Hier, le roi est sorti avec son auguste famille sans être aucunement assassiné;* » si encouragés par une partie de la presse et du public qu'un malheureux vint s'accuser de régicide sans en être coupable [2] !...

Casimir. Je ne loue ni les attentats ni les émeutes, monsieur, mais que prouvent-ils? que le peuple qui les fait s'intéresse trop vivement à ses affaires; que relèvent-ils chez lui? l'excès d'une vertu, d'une grande vertu, la passion de la chose publique. Ah !

[1] Guizot, *Mémoires*, t. III.

[2] *Histoire du règne de Louis-Philippe*, par V. de Nouvion, t. III, p. 116.

quand je vois des hommes se faire tuer sur une barricade sans savoir pourquoi, courir à la mort en répétant des mots dont ils ne comprennent pas le sens, quand j'entends, par exemple, Alibaud s'écrier qu'il a voulu tuer le roi, *parce qu'il règne au lieu de gouverner* [1], — je dis que ces hommes sont égarés, mais que le peuple qui les a vus naître est un grand peuple, un heureux peuple! Oui, je préfère les nations qui se révoltent sans motifs à celles qui ne se révoltent jamais. — Hélas! telle est aujourd'hui l'apathie universelle, que depuis dix ans on n'a pas tiré un coup de fusil ni poussé un cri séditieux.

M. Durozet. C'est pourtant vrai ! On ne peut le croire.

Casimir. De notre temps, quand la plus petite souffrance populaire, même de celles qu'on ne pouvait imputer au pouvoir, quand le plus petit enchérissement du blé suffisait à déchaîner la colère des masses, qui eût voulu croire qu'un jour la misère ravagerait des départements entiers sans qu'on entendît seulement s'élever un murmure ? Nous en sommes pourtant venus là.....

M. Durozet. J'avoue que si c'est l'unique sujet de vos larmes, elles ne sauraient me toucher.

[1] *Histoire du règne de Louis Philippe*, par V. de Nouvion, t. IV, p. 37.

Casimir. Non ! La lutte de la rue n'est pas tout. — Elle est peu de chose ! Ce que je regrette surtout, ce que je regrette amèrement, c'est la lutte de l'arène politique, la grande mêlée parlementaire.

M. Durozet. Ah ! pour celle-là, monsieur, je la connais à fond, je m'y suis trouvé pendant quinze ans ; j'y ai donné et reçu autant de horions que quiconque. Je puis donc vous tenir tête.

Casimir. La main sur la conscience, ne regrettez-vous pas cette époque?

M. Durozet. Pour mon compte personnel? oui. — C'était si amusant ! M. Guizot compare les péripéties de la vie publique à celles de la scène : les mots de *théâtre*, *entr'acte*, *coulisse*, *acteur*, *spectateur*, reviennent constamment sous sa plume. Un autre historien du régime parlementaire, Chiala [1], y voit l'image adoucie de la guerre, et ne parle que de *stratégie*, de *mines*, *contre-mines*, *marches*, *embuscades*, *assauts*, *tactique*, *etc*..... Petite guerre ou drame, l'un et l'autre en font un amusement. — Ils ont raison : je n'en connais pas de plus vif. — Ah ! comme nous allions gaiement au feu ! Comme nous aimions la bataille. Tout nous était *casus belli*. Le cardinal de Richelieu, je crois, demandait deux lignes de l'écriture d'un innocent pour le convaincre de crime et le faire pendre. Il ne nous en fallait pas tant pour exé-

[1] *Une page d'histoire du gouvernement représentatif en Piémont.*

cuter un ministère ! La plus petite peccadille nous suffisait. On la parait, on l'enflait, on la mettait dans son jour. En trois séances nous avions si bien *élevé le débat*, — selon l'expression consacrée, — que la peccadille était devenue crime de lèse-humanité. Vous rappelez-vous la grande affaire du palais des singes, et quel tapage nous fîmes là pour trente mille francs ! Et les fortifications ? Et le logement des savants au Jardin des Plantes ? Et les dotations princières ? Et l'incident du mot *sujet?* etc. Si par hasard l'heure présente ne nous fournissait pas le plus petit grief, nous remontions dans le passé. Le droit de visite était depuis longtemps consenti quand l'idée nous vint d'en faire une machine de guerre. — Ah nous n'y allions pas de main morte ! Quels beaux coups ! « *Ce n'est pas vrai*, *disions-nous* au président du conseil..... *Vous en avez menti ! C'est de l'insolence !... Laissons-le étaler sa honte jusqu'au bout ! Taisez-vous, vous ne présidez pas ! — On n'a jamais vu de scandale pareil*, » nous répondaient les ministériels[1]. Nous sommions le président

[1] Tout ceci est, naturellement, historique. Il faut rendre d'ailleurs aux assemblées républicaines de 1848 et 1849 cette justice que leurs séances furent encore plus colorées. — En ouvrant le *Moniteur* de cette époque, on trouve à chaque page, ainsi qu'on l'a déjà remarqué, des interpellations du président, comme celle-ci : « Jamais assemblée, dans les plus mauvais jours, ne s'est montrée aussi violente que vous. » Et des *rumeurs* des extrémités que la feuille officielle analysait ainsi : « *Cris inarticulés ! Cris sauvages ! Tumulte effroyable ! La confusion est à son comble*, » etc.

de quitter son fauteuil et de le céder au vice-président. Nous nous battions sur les marches de la tribune. C'était à y perdre la tête. Périer est mort à la peine. Il était pourtant solide.

Casimir. Hé ! C'est de la passion. J'aime cela. Écoutez cette sage parole de M. de Nouvion : « Le régime parlementaire n'a pas la prétention de supprimer les passions humaines. Il les prévoit, au contraire, les accepte, *leur laisse un libre cours*, les fait entrer au nombre de ses ressorts utiles, et, par cela même, il est plus qu'aucun autre capable d'en détourner le pernicieux effet. »

M. Durozet. *Similia similibus*. C'est de l'homœopathie ! En politique j'aime mieux la médecine ordinaire... — Quand nous n'étions pas assez forts pour agir seuls, nous demandions un peu d'aide aux partis voisins, qui jamais ne nous refusaient ce petit service. Sans compter les Centres, qui fort souvent se mettaient de la partie, l'extrême droite et l'extrême gauche étaient toujours en selle, et partout où l'on sonnait la charge elles arrivaient au galop. A distance, cela ne me paraît pas fort moral. Pendant l'action, je n'y songeais pas.

Casimir. Il n'y a rien là d'immoral, et vos scrupules sont exagérés. Les coalitions sont toutes légitimes, toutes honnêtes : « *C'est la loi du gouvernement représentatif*, un grand homme d'État l'a dit, que *toutes* les minorités s'unissent pour se défendre en commun contre la majorité. »

M. Durozet. Votre homme d'État n'était pas sans doute au pouvoir quand il a dit cela?

Casimir. Non, il était dans l'opposition..... Mais, à propos d'opposition, laissez-moi vous faire une question qui me brûle les lèvres..... A en juger par le langage que vous tenez, vous deviez être plus près des ennemis que des amis du ministère.

M. Durozet. Effectivement, je siégeais à la gauche.

Casimir. Et vous êtes impérialiste! Ce gouvernement ne vous suffisait pas, vous ne le trouviez pas assez libéral, vous le poussiez..... et l'empire vous satisfait! Cela me passe, en vérité!...

M. Durozet. Oui. Cela paraît inconséquent. C'est fort naturel, et je vais vous l'expliquer en deux mots: Nous étions là, à droite comme à gauche, une foule d'honnêtes gens, de bons patriotes, peu contents de la marche des affaires; trouvant qu'on faisait beaucoup de bruit pour une mince besogne, que la France était peu prospère et peu glorieuse; nous retournant dans tous les sens et cherchant de tous côtés la guérison. On nous disait que l'extension de la liberté serait un remède infaillible : et, comme le mal semblait venir du pouvoir, nous étions tout disposés à croire en effet qu'en amoindrissant le pouvoir nous amoindririons le mal. Et nous demandions la réforme! Nous trompions-nous absolument? Si nos théories étaient hasardées, notre instinct n'était-il pas juste? N'avions-nous pas raison de vouloir nous rapprocher de la masse populaire et nous retremper dans le sentiment du pays ? N'était-ce pas là que nous devions trouver la solution du problème, et ce mieux-être que nous cherchions tous sans le pouvoir définir? J'ai dit. Maintenant appelez-moi renégat si bon vous semble!

Casimir. Oh! monsieur, votre bonne foi m'est évidente, et je ne l'ai jamais mise en doute.

M. Durozet. Parce que je suis un pauvre sire et que j'ai pris ma retraite. Si j'étais un personnage, si au lieu de regarder la pièce j'y figurais comme acteur, vous diriez — non! mais vous penseriez que je suis un vendu, un apostat..... bien pis encore : avouez-le !

Casimir. Jamais. J'ai trop de respect...

M. Durozet. Du respect ? Cela n'existe plus. C'était un reste d'ancien régime : Nous l'avons supprimé. Une partie de la France appelle l'autre *canaille*, — et l'autre le lui rend. Cette mutuelle estime est extrêmement propice à l'établissement de la liberté!

Casimir. Revenons à notre sujet, je vous prie. Vous n'avez examiné qu'un côté du régime parlementaire, le côté plaisant, anecdotique, artistique.

M. Durozet. Mais c'est le seul que j'en aie connu.

Casimir. Trêve d'épigrammes, parlons sérieusement. Dans cette lutte où vous affectez de voir uniquement des hommes qui tombent et des hommes qui s'élèvent, ce sont des intérêts généraux, des principes qui se trouvent aux prises. Le plus beau talent n'y donnerait pas la victoire, s'il n'était au service d'une idée...

M. Durozet. Des intérêts généraux, des principes, des idées?... Quoi ! vous en êtes là ? généreuse illusion ! Il y avait des orateurs plus ou moins éloquents, des tacticiens plus ou moins habiles : rien de plus. Avez-vous lu les *Voyages de Gulliver?*

Casimir. Dans mon enfance.

M. Durozet. Vous rappelez-vous la description des fêtes que l'empereur de Lilliput offre à son colossal visiteur ?

Casimir. Imparfaitement.

M. Durozet. Attendez ; j'ai le volume sous la main ; je vais vous la lire... Voici : « Rien ne me « divertit plus que leurs danseurs de corde, volti- « geant sur un fil blanc presque invisible et long de « deux pieds onze pouces. Ceux qui pratiquent cet « exercice obéissent *à la plus noble ambition.* C'est « au meilleur sauteur que l'autorité est destinée. Et « plus ils sautent, plus ils avancent dans la faveur « de leur maître. Aussi bien de très-bonne heure

« ils sont formés à l'accomplissement de ces tours « de force, uniquement réservés aux héritiers des « plus grandes familles. Donc, sitôt qu'une grande « charge est vacante, soit par la mort de celui qui « en était revêtu , soit par sa disgrâce, cinq ou six « candidats présentent une requête à l'empereur, « afin d'avoir la permission de divertir Sa Majesté « d'une danse sur la corde. Or celui-là qui a fait « le plus grand saut sans se casser les reins obtient « la charge. Il arrive assez souvent que l'on ordonne « aux grands magistrats et aux principaux adminis- « trateurs de danser sur la corde, afin de montrer « leur souplesse et pour confirmer l'empereur dans « l'opinion que ces grands sauteurs n'ont rien « perdu de leur talent primitif. »

Au lieu de la corde roide, mettez une tribune ; à la place de l'empereur de Lilliput, une assemblée : vous aurez l'exacte image du système parlementaire *tel que je l'ai vu fonctionner*. N'ayez ni expérience, ni jugement, soyez ignorant, inactif, mais sautez,— je veux dire parlez bien, — et vous remporterez la palme, et vous renverserez tous vos rivaux si bons praticiens qu'ils soient. Un seul saut, pardon! un seul discours, un seul mot heureux y sera parfois suffisant. Nous sommes si mobiles, si impressionnables! Les magistrats, se défiant des séductions oratoires, renvoient leurs jugements à huitaine ; nos amis les Anglais, tout impassibles qu'ils soient, ne votent qu'après trois lectures. Plus confiants en nous-mêmes, nous nous prononcions sur-le-champ. Quand un avocat nous avait débité un beau discours sur la question d'Orient, nous déposions immédiatement à ses pieds, en guise de couronne, le portefeuille des finances, ou celui du commerce, ou celui de l'instruction publique... Comme une tirade réussie vous élevait, une tirade manquée vous renversait. Pour trois mots : *est-ce clair?* dits d'une certaine façon, le duc de Broglie vit tomber le ministère qu'il présidait.

Casimir. Mais, encore une fois, monsieur, vous restez à la surface, vous ne voyez que l'effet. Descendez à la cause. Derrière l'accident qui a déterminé la chute, cherchez l'influence morale qui a produit l'accident.

M. Durozet. Si, comme vous le dites, avec chaque ministre partant tombait un principe, avec chaque ministre arrivant en triomphait un autre, les mutations eussent été moins fréquentes. Car, si mobile que soit un peuple, je ne pense pas que ses tendances générales puissent se modifier tous les six mois. — Puis ces changements se seraient opérés sans embarras. Le principe vaincu aurait remis le pouvoir au principe triomphant. Le ministère est mort, vive le ministère !... C'est ainsi que les choses se passent en Angleterre, où un cabinet succède à un autre aussi régulièrement, aussi paisiblement que le prince de Galles au roi. Mais comme nos cabinets,

— je suis fâché de vous contredire,—ne tombaient jamais sous une influence morale bien définie, qu'ils ne mouraient pas d'une maladie caractérisée, mais de simples accidents, nous ne savions quelles mains devaient recueillir l'héritage. Il y avait chaque fois de longs tâtonnements et de nombreux essais [1]. Les interrègnes duraient quinze jours, un mois et plus. A la chute de M. Molé, il y eut dix combinaisons tentées; deux mois et demi s'écoulèrent en vaines démarches pendant lesquelles le pays attendait, haletait, s'agitait [1]. Je ne sais quand la crise eût fini, si la sanglante émeute du 12 mai ne fût venue nous forcer à bâcler un ministère quelconque en nous apprenant ce que coûtent les coalitions... En vérité, mieux eût valu laisser M. Molé tranquille!

[1] « Remarquez-le bien, messieurs, s'il s'agissait d'un fait accidentel, qui se produisît par je ne sais quelle circonstance fortuite, on pourrait espérer que, cette circonstance venant à disparaître, nous rentrerions dans *l'état normal* du gouvernement constitutionnel; mais daignez avec moi jeter les yeux sur le passé; daignez vous rappeler avec quelle peine ont été enfantés tous les ministères depuis 1830, et comme toutes les crises qui se sont succédé depuis 1830 ont périodiquement et presque chaque année travaillé le pays, et observez que plus nous allons, plus ces crises se rapprochent et plus elles se prolongent; que, dans l'espace de trois mois, voilà au milieu du calme le plus complet, de la prospérité matérielle du pays, deux interruptions non motivées, inexplicables, au moins par des raisons générales, dans les pouvoirs de la société. Ne résulte-t-il pas de ce rapprochement qu'il y a dans notre situation quelque vice organique, quelqu'une de ces maladies radicales qui appellent un remède prompt, efficace... »

(Disc. de M. O. Barrot, 11 mars 1832.)

[1] Voir à ce sujet la note A.

Casimir. Vous défendez M. Molé? mais vous avez contribué à sa chute!

M. Durozet. Mon Dieu oui, je l'ai attaqué comme les autres. Comme les autres j'ai crié qu'il trahissait la France en évacuant Ancône. C'était absurde. D'ailleurs je ne tiens pas à défendre M. Molé, comme vous semblez le croire; je veux seulement établir ceci : entre lui et le cabinet qui l'a remplacé, la différence n'était pas si grande, que pour nous donner l'un au lieu de l'autre il fallût jeter le pays dans de tels embarras.

Casimir. Oh! par exemple...

M. Durozet. Pourriez-vous me dire quelle opposition de principes il y avait entre M. Molé et MM. Thiers-Guizot? me définir d'un mot les deux doctrines rivales qui, selon vous, se résumaient en ces noms?

Casimir. Mais... M. Molé violait la charte. C'était un courtisan : *omnia serviliter*...

M. Durozet. Comment se fait-il donc qu'au mois de février 48, quand le ministère Guizot s'écroulait sous les menaces populaires, ce même M. Molé fut son successeur désigné?... D'ailleurs, à quel principe M. Molé cédait-il la place en 1839? au principe Thiers ou au principe Guizot? A tous deux? un cabinet peut donc marier dans son sein deux principes divers? Vous le voyez, tout cela est moins net que vous ne voulez le dire. Vous faut-il d'autres exemples? Quelle différence faites-vous du maréchal Soult au maréchal Mortier, du maréchal Mortier au maréchal Gérard?

Casimir. Oh! ceux-là ne comptaient pas, c'étaient des noms.

M. Durozet. En effet, et ceci n'est pas le moins curieux! L'orgueil de nos hommes d'État était tel que la présidence du conseil, cet ordinaire élément du système représentatif, fut chez nous presque toujours fictive. Ils ne voulaient pas subir la suprématie d'un chef sérieux[1]. Les *Grandes Épées* dont vous évoquez le souvenir durent à leur insignifiance parlementaire l'honneur humiliant de présider nos conseils. Voyez le maréchal Soult : on l'appelle le chef du cabinet, il le préside. Croyez-vous qu'il le dirige? Allons donc! un beau jour ses prétendus subordonnés le mettent à la porte sous le bizarre prétexte qu'il a une idée à lui! qu'il s'oppose à leur projet de gouvernement civil en Algérie : Je dis *sous ce prétexte*, et je dis bien ; car, le maréchal parti, il

[1] Cette susceptibilité était parfaitement admise. On l'avait presque érigée en théorie. Le roi Louis-Philippe disait à M. Guizot, qui le répète dans ses mémoires ; « Vous voyez dans quelle impasse nous sommes ; il n'y a qu'*un ministère neutre* (cela s'appelait ainsi!), un ministère où les grands amours-propres n'aient pas à se débattre, qui puisse nous en tirer. »

n'est plus question de gouvernement civil. Voilà les principes, cher monsieur. Non, croyez-le bien, il n'y en a réellement que deux en jeu : principe de l'opposition, prendre les portefeuilles; principe du ministère, les garder[1]. M. Thiers venait confirmer la vérité de ces paroles, quand, du banc ministériel, il s'écriait : « Je dis une grande vérité : pour « qu'une chose soit bonne, il faut qu'elle n'ait pas « été faite par nous; pour qu'elle soit mauvaise, il « suffit que le gouvernement l'ait exécutée... Si « nous n'avions pas fait l'acte que vous nous repro- « chez aujourd'hui, vous nous auriez mis en accu- « sation. »

CASIMIR. Non. L'on n'a point dans l'opposition les ressources d'information, d'appréciation dont on dispose au pouvoir. Le point de vue change. Le langage doit changer avec lui. Rien n'est plus naturel. On ne peut, pour cela, mettre en doute l'honnêteté des gens.

[1] « Comment expliquer ce qui se passe autour de nous? je vais vous « le dire : *c'est la lutte assidue, incessante, persévérante de ceux* « *qui veulent être ou regrettent d'avoir été contre ceux qui sont.* Quand donc finira cette *saturnale politique* où sous tant de masques « divers s'agitent tant et de si dangereuses passions?... La dignité de « la France est, dit-on, abaissée aux yeux de l'Europe? Singulier « moyen de la rehausser à ses yeux que de lui montrer ce mélange « hideux d'opinions qui se confondent et qui se détestent, qui se « donnent la main et qui se méprisent. »

(Discours de M. Liadières, séance du 7 janvier 1839.)

M. Durozet. Encore une fois je ne le fais pas, car j'ai la prétention d'être un honnête homme, et j'ai agi de même; et je n'aspirais à rien! Mais que voulez-vous? on se laisse griser par la lutte. Le courant vous entraîne. Le jeu est amusant : on joue, — on serait même capable de tricher, — pour ne rien gagner! c'est la faute du système, c'est forcé. Maintenant il est inutile de vous démontrer qu'en présence d'adversaires si résolus, si habiles, si passionnés, un ministère n'avait qu'un moyen de durer : faire le moins possible... en cachant ce néant sous de pompeuses doctrines.

Casimir. Pourquoi donc?

M. Durozet. Parce qu'avec la plus sage proposition on pouvait prêter le flanc... Lancer beaucoup de théories, de déclarations, de manifestes, séduire la Chambre, à l'instar de Jupiter, en l'enveloppant de nuages, et vivoter paisiblement entre l'écueil des réformes et le précipice des innovations, tel était l'idéal de l'habileté ministérielle.

Casimir. Ceci, monsieur, est de l'exagération, du pamphlet... D'ailleurs, qui ne fait rien ne fait pas de sottises. En politique, c'est l'important...

M. Durozet. Mais les démolisseurs étaient encore les plus habiles, et la prudence des gouvernants n'empêchait point leur œuvre. Les Excellences se succédaient rapidement. Elles ne faisaient pas, comme de nos jours, un bail de trois, six, neuf à l'hôtel ministériel. Elles ne duraient pas quinze ans, comme Colbert. Elles passaient. On vit des ministères de trois mois, on en vit même de trois jours[1] !

CASIMIR. Parfait ! La fortune souriait à tous, et chacun ayant donné la crème de son esprit, s'en allait avant d'être épuisé.

M. DUROZET. Le ministre ne changeait pas seul. Tout nouvel arrivant amenait ses grandes et ses petites créatures. C'était un branle-bas permanent.

CASIMIR. Chacun avait ainsi son heure. Chacun pouvait goûter à son tour la manne du budget...

M. DUROZET. Si douce aux estomacs français !...

CASIMIR. Et acquérir, dans le maniement des affaires, cette maturité que leur examen critique ne donnera jamais.

[1] NOMBRE DES MINISTRES SOUS LES DIVERS RÉGIMES.

	Finances.	Guerre.	Marine.	Justice.	Instruction.	Travaux publics.
De 1815 à 1830.	9	14	10	8	»	»
De 1830 à 1848.	15	20	18	12	16	14
De 1848 à 1852.	12	14	11	10	9	9
De 1852 à 1862.	4	3	3	3	2	2
	(Le premier étant mort à la peine.)		(Le premier étant mort à la peine.)	(Le premier étant mort.)	(Le premier étant mort à la peine.)	

Lire à ce sujet (note B) l'opinion du prince Louis-Napoléon en 1843. — On y verra poindre l'idée des ministres sans portefeuille.

M. Durozet. Pauvres affaires! Croyez-vous que cette instabilité leur profitât beaucoup?

Casimir. Mais les ministres alors n'avaient pas à s'occuper d'affaires; ils étaient au-dessus d'une telle besogne. Aujourd'hui ce sont des secrétaires, des commis du chef de l'État! Le ministre des finances s'occupe de sa caisse, le ministre de la marine de sa flotte, le ministre de la guerre de son armée, et c'est tout! Ce sont des aptitudes spéciales chargées de tel travail défini. Autrefois c'étaient de grandes pensées politiques, des voix éloquentes mises au service de la cause, des défenseurs introduits dans la place. Peu importait que chacun occupât tel ou tel bastion, pourvu qu'il fût dans les remparts.

M. Durozet. Et les affaires?

Casimir. Comme elles vous occupent! Eh bien, pour les affaires, on avait créé les sous-secrétaires d'État.

M. Durozet. Oui, mais la politique éclipsait si bien tout le reste, que ces sous-secrétaires d'État, la plupart candidats ministres, allaient comme leurs chefs à la Chambre, comme eux prenaient part aux intrigues, à la lutte, et que leur temps n'était guère moins gaspillé. Les directeurs même étaient fort souvent députés. Non, les affaires étaient exclusivement traitées par les bureaux dont vous connaissez les immuables traditions et la prudente lenteur.

Casimir. Ce sont des garanties.

M. Durozet. Je vous recommande, à ce sujet, une scène charmante, pleine de sel et de raison, que vous trouverez dans le numéro de la *Revue des Deux-Mondes* du 15 octobre 1842 : *La Matinée d'un ministre.* L'auteur, alors anonyme, depuis avoué, de cette excellente étude, M. Vivien, était fort compétent pour traiter la question. Il venait d'être ministre lui-même. Lisez donc aussi, du même auteur (numéro du 1er novembre 1844), *la Question de cabinet :* très-instructif encore et très-amusant ! Vous verrez dans ces deux spirituelles esquisses comme était bien employé le temps du ministre parlementaire. Les chefs de division n'ont pu l'approcher depuis huit jours, ils demandent à grands cris quelques instants d'audience. Impossible; il faut lire dans tous les journaux l'appréciation du discours prononcé la veille; puis, c'est un collègue qui vient conférer sur le plan de défense; c'est un préfet à recevoir, un député flottant à séduire, etc.; la matinée s'écoule ; à demain les affaires : « Demain, s'écrie le pauvre Secrétaire-« général, demain comme aujourd'hui nous au-« rons quelque message du roi, une dépêche télé-« graphique à expédier, un discours à préparer « pour la Chambre ou pour l'Académie, un ambas-« sadeur à recevoir, une commission à présider, « des amis à entendre, et, par-dessus tout, des « députés à flatter, à caresser, à ménager dans leur

« vanité, à satisfaire dans leurs exigences inces-
« santes, etc. » Il est vrai que ce Secrétaire-général (député naturellement) est de l'opposition. Il blâme les idées de son ministre et les contrecarre. Il reste à son poste pourtant et ne donne pas sa démission, par ce raisonnement que je vous recommande (vous pourrez le placer pour défendre quelques candidats de vos amis) : « En se démettant, on fait place à un « ennemi et on nuit à son parti. » Mais il aspire à la palme de la destitution : « Tu ne sais pas, mon « ami, ce que vaut une destitution ! C'est une lettre « de change à vue sur le premier ministère qui se « forme. » Très-fort, ce secrétaire général ! Il n'aura pas tardé à être ministre. Hé ! ministre, ministre parlementaire ! cela vaut bien la peine de se parjurer un peu. C'est si beau ! En fiction constitutionnelle, le roi, c'est un symbole, une abstraction. C'est un trône gardé, rien de plus. Et, en effet, on dit, en parlant de lui : *le trône* ou *la couronne*.

Casimir. Eh ! sans doute, on a raison. C'est le principe essentiel. On l'a fort bien dit, les rois médiocres sont les meilleurs. Plus il peut s'effacer, se faire oublier, mieux le souverain remplit sa mission.

M. Durozet. C'est peut-être très-sage, très-profond, très-politique, ce que vous dites là ; ce n'est pas français! Nous ne voulons pas obéir, ni même paraître obéir à un mannequin. Nous aimons mieux n'avoir rien sur le trône qu'un homme de paille. La France est femme à cet égard, elle n'aime pas ceux qu'elle mène par le nez. En Angleterre, cela va tout seul : l'aristocratie est souveraine; le roi est la personnification de l'aristocratie, le grand maître de l'ordre, le porte-sceptre et le porte-couronne, rien de plus, c'est admis. Ceux qui attentent à la vie du souverain sont toujours acquittés, leur folie est constatée d'avance. Pourquoi auraient-ils voulu tuer le roi, s'ils avaient eu leur tête? Le roi, c'est si peu de chose! — En fiction constitutionnelle, dis-je, le ministre, voilà le vrai souverain, voilà le pouvoir. Pendant que le roi couronné règne, c'est-à-dire passe des revues et donne des bals, lui, lui seul gouverne. Ah! c'est une naturelle ambition que celle de commander ainsi son pays, surtout quand ce pays se nomme la France, et je conçois, je vous le répète, qu'on se laisse entraîner, pour la satisfaire, à bien des peccadilles. Nul ne peut se dire assez fort pour n'être jamais enivré par cette éblouissante perspective.

Casimir. N'est-ce donc rien qu'un pareil stimulant? Tout jeune homme qui se sent éloquent peut se dire, sans trop de présomption : Et moi aussi je serai ministre! L'espoir de ce brillant destin n'entretiendra-t-il pas dans la jeunesse intelligente une salutaire émulation? Sous le règne de la parole, monsieur, les plus déshérités de la fortune se précipitaient dans les carrières libérales.

M. Durozet. Combien de ces pauvres déclassés mouraient de faim... ou finissaient plus mal encore.

Casimir. Qu'importe! si leur chute même coopérait au bien public? En 1835, monsieur, il y avait sur les bancs de l'école de droit de Paris 3,600 étudiants. En 1858 il n'y en avait plus que 2,056. Ce symptôme de décadence ne vous effraye-t-il pas?

M. Durozet. Nullement. Je crois qu'une production annuelle de six cents avocats suffit largement à nos besoins [1].

Casimir. Mais que deviendront ces fuyards, ou plutôt ces proscrits de l'intelligence?

M. Durozet. Ils se feront ingénieurs, négociants ou agriculteurs, et ils n'y perdront pas, et la France non plus, et la civilisation encore moins. C'est du reclassement : nous en avions grand besoin. Il n'y a rien de dangereux comme des intelligences manquant de travail. C'est la pire des grèves!... Ah! à propos, avez-vous lu Bastiat? Je vous l'avais bien recommandé... Ce n'était pas un absolutiste, un cé-

[1] Il y en avait, au 1er novembre 1862, 2,517.

sarien, celui-là : vous connaissez sa vie. C'était un libéral, un vrai, il l'a prouvé.

CASIMIR. Hé, monsieur, c'était un économiste!

M. DUROZET. Les *Incompatibilités parlementaires*, quel petit chef-d'œuvre! que c'est spirituel, mordant, — et sensé! Vous rappelez-vous ce passage :

« Il y a en France quatre-vingts et quelques par-
« lements au petit pied. On les appelle conseils gé-
« néraux. Les rapports de préfet à conseil général
« ressemblent à beaucoup d'égards aux rapports de
« ministre à assemblée nationale... Il est certain
« que, si une opposition systématique, une coali-
« tion mi-blanche et mi-rouge, se formait au sein
« du conseil général, elle pourrait fort bien faire
« sauter le préfet, mais non mettre les meneurs à
« sa place. Ce qui est certain aussi, l'expérience le
« démontre, c'est que, en conséquence de cette im-
« possibilité, de telles coalitions ne s'y forment
« pas... On ne repousse pas systématiquement la
« proposition du préfet, uniquement pour lui faire
« pièce, pour l'entraver, pour le faire tomber, s'em-
« parer de sa place. Cette guerre insensée, dont,
« en définitive, le pays ferait les frais, cette guerre,
« si fréquente dans nos assemblées législatives
« qu'elle en est l'histoire et la vie, ne s'est jamais
« vue dans les assemblées départementales; mais
« voulez-vous l'y voir? Il y a un moyen bien sim-

« ple : constituez ces petits parlements sur le pa-
« tron du grand ; introduisez dans la loi des con-
« seils généraux un petit article ainsi conçu :

« *Si une mesure, bonne ou mauvaise, proposée*
« *par le préfet, est repoussée, il sera destitué. Celui*
« *des membres du conseil qui aura dirigé l'oppo-*
« *sition sera nommé à sa place et distribuera à ses*
« *compagnons de fortune toutes les grandes fonc-*
« *tions du département, recette générale, direction*
« *des contributions directes et indirectes, etc...* »
« Je le demande, parmi mes neuf cents collègues, y
« en a-t-il un seul qui osât voter une pareille disposi-
« tion? Ne croirait-il pas faire au pays le présent le
« plus funeste[1]... » etc.

Casimir. Vous êtes intraitable, monsieur. Vous avez quelque secrète rancune contre la vie parlementaire...

M. Durozet. Telle que je l'ai connue, je vous le répète. Pas de confusion !

Casimir. Si elle vous avait fait ministre, peut-être lui seriez-vous moins dur?

M. Durozet. Vous croyez plaisanter? C'est bien possible ! L'esprit de corps !...

[1] Voir (note C) quelques extraits de ce pamphlet, ainsi que l'opinion, assez curieuse, de M. Émile de Girardin sur la matière.

CASIMIR. Je vois que je ne vous ferais point revenir sur son compte. J'y renonce. — Mais la liberté de la presse, monsieur? Ne serez-vous pas plus juste pour elle? Aucune des objections que vous avez élevées contre la toute-puissance de la tribune ne saurait lui être appliquée... — Elle fut libre, vous en conviendrez, sous le régime que je pleure?

M. DUROZET. Oui.

CASIMIR. Elle fit beaucoup de bien?

M. DUROZET. Plus de mal encore!... Quelle licence! quels excès! quels scandales! quels mensonges impudents et quelles calomnies savamment accommodées! Rappelez-vous seulement *la Tribune*, ce puissant journal populaire, disant que le pouvoir a fait déguiser des sergents de ville en émeutiers pour exciter le peuple à la révolte et l'égorger plus facilement, répétant ce fait tous les matins, affirmant qu'elle en a la preuve irréfutable, défiant le ministère de lui donner un démenti et de la citer devant les tribunaux, — et, après que le ministère a relevé le défi, confessant avec une cynique complaisance que c'est une pure invention, que *ce n'est qu'un argument*, comme on dirait de nos jours... — Par parenthèse, le jury ne jugea pas cette petite plaisanterie digne d'un avertissement. Il acquitta ses auteurs!... Je parierais qu'il leur offrit même un banquet. Si cet exemple ne suffit pas, je pourrais vous en citer comme cela jusqu'à demain ; je pourrais vous montrer de grands journaux de Paris et de Lyon prêchant ouvertement la révolte, appelant formellement le peuple aux armes [1], etc., etc.

CASIMIR. Pourquoi le gouvernement ne faisait-il pas son devoir ?

M. DUROZET. Il le faisait !... il poursuivait, poursuivait, poursuivait. Je vous parlais de *la Tribune*. En 1835, elle tenait son cent quatorzième procès !!... Mais, comme le dit excellemment votre ami M. de Nouvion, « que pouvait le zèle des parquets contre « les défaillances des jurys ? » Le jury acquittait, acquittait, acquittait, — même quand il y avait appel à la révolte, — même quand il y avait insulte grave à la personne royale, comme dans la célèbre affaire des *Lettres*. De ces cent quatorze procès de *la Tribune*, à peine y en eut-il vingt qui aboutirent à une condamnation. Il fallait entendre le maréchal Bugeaud parler de ce scandale. Il était magnifique [2] !...

[1] En voir (note D) la preuve.

[2] « Messieurs, la société me paraît être dans une bien grande inconséquence. Nous envoyons aux galères un homme qui aura volé un sac de blé pour nourrir sa famille affamée, parce qu'il aura commis ce vol avec effraction... et un journaliste qui tous les jours... (*Mouvement*). Oui, messieurs, les journalistes, ce sont là nos despotes nouveaux. Ils ont remplacé les hauts barons de la féodalité. (*Plusieurs voix : c'est vrai !*) C'est précisément parce que j'aime la liberté que je ne veux pas me soumettre à leur despotisme. Je dis donc qu'un journaliste qui attaque tous les jours, je ne dis pas le gouvernement,

— Vous imaginez facilement quelle agitation produisaient ces poursuites permanentes, et quel prestige donnaient au pouvoir ces acquittements quotidiens? Écoutez M. Guizot lui-même : « Poussés par « de si puissants motifs, nous nous engageâmes dans « une série de procès de presse qui étaient loin « d'atteindre tous les cas dignes de poursuite ni de « satisfaire aux instances de nos amis, mais qui ra-« menaient sans cesse les mêmes questions, les « mêmes délits, les mêmes scènes. Ce fut là, j'en « suis convaincu, une faute, *inévitable peut-être* « dans l'état des partis et des esprits, mais qui ag-« grava le mal que nous voulions étouffer. La plu-« part de ces procès aboutirent à des acquittements « scandaleux qui révélaient la faiblesse des jurés, « quelquefois celle des juges, et qui redoublaient « l'audace des assaillants. »

Casimir. Oui, la faute était inévitable, — puisque M. Guizot l'a commise. Je le reconnais, on s'était engagé dans une mauvaise voie. La répression était un remède insuffisant. Il y en avait un bien meilleur, que M. Guizot indique légèrement, et l'historien de Louis-Philippe formellement, *la réponse* [1].

mais l'ordre social, la société tout entière, nous le déclarons toujours digne de toute indulgence; nous réclamons contre les punitions toujours trop fortes qu'on lui a infligées, et cependant il est à mes yeux cent fois plus coupable que le malheureux qu'on envoie aux galères pour un fait isolé. » (Séance du 31 décembre 1835.)

[1] « Si la monarchie de juillet a péri par la liberté de la presse,

M. Durozet. Ah ! oui ! la théorie Girardin : La presse comprimée est dangereuse ; la presse livrée à elle-même, inoffensive. Il faut combattre l'erreur par la vérité, et seulement par la vérité.

Casimir. Sans doute !

M. Durozet. Excellente théorie, difficile pratique ! Chimère, monsieur, chimère ! Est-ce que les mêmes oreilles qui ont entendu l'erreur entendront la vérité ? jamais ! Est-ce que les lecteurs de l'attaque seront les lecteurs de la réponse ? jamais ! Les journaux du gouvernement ne s'adressent qu'à un public tout converti... D'ailleurs, nous sommes ainsi faits, que nous aimons fort les accusations, fort peu les défenses ; que les journaux gouvernementaux nous semblent tous vendus, les journaux de l'opposition tous indépendants, tous désintéressés ; que nous interdisons aux premiers la moindre exagération, et tolérons dans les autres même la calomnie !...

Casimir. Il m'est bien difficile de discuter avec vous. Les armes sont trop inégales. Vous apportez dans le débat une expérience qui me manque. Je n'ai pas assisté comme vous à l'histoire politique des trente dernières années. Je n'ai point, à l'appui de

« dit-il, c'est qu'elle n'a pas su ou daigné se servir de la presse ;
« qu'en laissant à ses ennemis la liberté de l'attaque, elle n'a pas
« même usé du droit de légitime défense.

chacune de mes assertions, de nombreux exemples à citer. Je ne puis même contrôler ceux que vous me présentez, savoir dans quelles conditions, sous quelle influence ils se sont produits. Un grand fait me frappe cependant, et me les rend, je vous l'avoue, légèrement suspects. A ce même moment où vous prétendez que l'agitation publique dégénérait en désordre permanent... je vois M Odilon Barrot reprocher au gouvernement d'avoir étouffé la vie politique dans le pays, de lui avoir imposé la « torpeur » et le « marasme. »

M. DUROZET. Deux mots que vous ne nous avez pas ménag s !...

CASIMIR. A ce même moment où la presse, selon vous, ne connaissait plus de freins, je vois les Laffitte, les la Fayette, les Dupont (de l'Eure), entrer avec éclat dans l'association formée « pour la défense « de la liberté de la presse patriote, » et qui avait pour but d'annuler l'effet des condamnations subies par les journaux, en payant les amendes qu'on leur imposait, en servant une pension aux prisonniers [1].

M. DUROZET. Cela prouve que, sur la pente où ils s'étaient placés, on ne peut s'arrêter ; et cela prouve aussi, — ce qui du reste n'était guère à prouver !

[1] Voir à ce sujet la note E.

— que l'homme est toujours mécontent de son sort et ne sait apprécier son bonheur que quand il l'a perdu : J'espère bien que vous n'apprécierez jamais l'Empire.

CASIMIR. Oh ! je m'y engage.

M. DUROZET. De quel ton vous dites cela... Je reconnais le zèle du néophyte.

CASIMIR. Néophyte, vous dites bien : la haine de l'Empire est pour moi un article de foi.

M. DUROZET. En vérité ? il vous a donc bien fait du mal.

CASIMIR. Certes !

M. DUROZET. Cela m'étonne... Sa politique extérieure vous déplaît : c'est convenu. Voulez-vous que nous passions à la politique intérieure ?

CASIMIR. C'est encore bien pis.

M. DUROZET. Examinons !... La France est tranquille, florissante, active, riche.

CASIMIR. Voilà le grand mot !

M. DUROZET. Depuis dix ans, vous l'avez déclaré vous-même, l'ordre n'y a pas été troublé un seul jour.

CASIMIR. Grâce à vos gendarmes !...

M. Durozet. Ils ne suffisent pas, croyez-le bien... — Chaque jour sa prospérité s'est accrue. En 1847, notre commerce avec l'étranger, exportation et importation réunies, s'élevait à 3,240,000,000 fr. En 1860, l'exportation seule approchait de ce chiffre[1]. C'est-à-dire que, dans cette courte période, notre commerce général avait doublé. En 1852, il y avait 3,888 kil. de chemins de fer concédés. Aujourd'hui, il y en a 18,000. On nous a fait, sans bruit, une flotte digne de tenir tête à celle de nos amis d'outre-Manche. On nous a donné des routes, des canaux, des bassins, des barrages, 25,000 kil. de lignes télégraphiques, des asiles, des églises, des œuvres d'assistance publique ou mutuelle, des caisses de retraite, des hôpitaux, des squares, des théâtres...

Casimir. Et des casernes !

M. Durozet. Toutes les villes de l'Empire se sont assainies, embellies. Paris qui leur avait donné l'exemple est devenu, le *Times* lui-même en convient (il faut que ce soit bien vrai !) *la capitale du monde*. La salubrité s'est tellement ressentie de sa transformation que le nombre des décès y a considérablement diminué[2].

[1] Elle montait à 2,277,000,000 francs.

[2] En voir la preuve fournie par M. Billault à la tribune : *Mon voyage au Corps législatif*, p. 70.

Casimir. Parbleu... tout cela nous coûte assez cher !

M. Durozet. Mais nous rapporte bien plus !

Casimir. Les impôts sont bien plus lourds.

M. Durozet. Mais nous les payons plus facilement !... Tout est là.

Casimir. On voit que vous avez des rentes.

M. Durozet. Moins j'en aurais, plus je serais sensible au contraire à cette considération... — L'argent roule et sa circulation profite à tous. On a émis en dix ans plus de six milliards de valeurs[1] !

Casimir. Quoi ! vous approuvez ces spéculations effrénées ; elles révèlent...

M. Durozet. Plus d'entreprises, voilà tout... — La consommation a augmenté dans la même proportion que le travail. Le produit de tous les impôts directs s'est élevé de 730 à 1,150 millions. Le luxe, le bien-être se sont singulièrement accrus...

Casimir. Parbleu ! on dépense plus qu'on n'a. On ne peut plus vivre. Tout augmente.

M. Durozet. Oui, — même les revenus ! et les revenus plus que la dépense. Car vous n'ignorez pas

[1] Henri Bordet *Revue de dix ans.*

que c'est la demande qui fait monter l'offre et que si les denrées sont plus chères, c'est qu'elles trouvent un plus grand nombre d'amateurs... La fortune publique s'est prodigieusement accrue!... Vous vous plaignez des démolitions de Paris, des expropriations, des percées de boulevards, etc....

CASIMIR. Sans doute! il est temps qu'on s'arrête...

M. DUROZET. Mais que font ces démolitions, ces percées, je vous prie? Elles donnent une grande valeur à des terrains qui en avaient peu et mettent ainsi dans la poche d'heureux propriétaires un argent qui n'est pris à personne... à personne, entendez-vous! C'est de la richesse créée, de l'argent mis au jour. A peine construits, ces quartiers, ces villes entières de palais sont peuplées. A peine percés, ces larges boulevards sont insuffisants à la circulation toujours croissante des équipages. Vous ne remarquez pas tout cela. Mais demandez aux étrangers qui ne sont pas venus ici depuis dix ans ce qu'ils en pensent. Je n'ai pas besoin de vous faire remarquer que ce mieux-être n'a pu rester à la surface et qu'il s'est naturellement infiltré jusqu'aux couches les plus profondes. En 1847, il y avait en France un indigent sur 13,99 habitants. Il n'y en a plus aujourd'hui qu'un sur 18,47... Le bien-être moral se ressent de cette vie plus facile, plus calme et plus régulière. L'instruction se répand. Quatre millions, trois cent mille enfants fréquentent nos écoles...

— Voilà, pour esquisser seulement les grandes lignes, où nous a conduit l'Empereur. Vous souvient-il d'où il nous a tirés? Je crains bien que vous ne l'ayez oublié. Aux derniers jours de 1848, un homme d'esprit, légitimiste de la plus belle eau, écrivait ce mot précieux : « Je ne vois guère que l'élu du « 10 décembre à qui les événements aient profité. « Tant mieux! qu'il prenne le pouvoir et qu'il « l'exerce: mais à quelle condition? Mon Dieu! à « condition de le garder. Je ne lui en demande pas « davantage, et c'est déjà beaucoup. »

Casimir. Votre plaidoyer est terminé?... — Vous croyez avoir fait l'apologie de l'Empire?... Je ne lui aurais pas fait autrement son procès.

M. Durozet. Comment?

Casimir. Sans doute. Au dehors la force, au dedans l'ordre, la prospérité, des intérêts satisfaits, des jouissances assouvies : vous ne voyez que cela. M. Saint-Marc Girardin l'a bien dit : Vous ne régnez que sur des corps !...

M. Durozet. Ah! oui: « Tout pour les intérêts matériels. » Je connais ce grief... Je le connais d'autant mieux, qu'on le lançait déjà de mon temps contre votre gouvernement de juillet, qui ne le méritait guère, car il ne le servait pas trop bien[1]. Je

[1] Et tous ses amis ne voyaient pas là une injure, car je lis dans une

regrette que vous ne fussiez pas comme moi à l'ouverture du Cours d'économie politique, au Collége de France. Vous auriez appris la valeur de ce grand argument[1].

CASIMIR. Vous me citez là un témoin prévenu. Les économistes prêchent pour leur saint, c'est tout clair. Ce sont les prêtres du veau d'or. Entre eux et nous rien de commun.

M. DUROZET. Erreur capitale. Ces économistes que vous traitez si mal (et par eux les intérêts matériels eux-mêmes que vous méprisez tant), ont rendu, sans que vous vous en doutiez, à votre cause un immense service.

CASIMIR. Singulier paradoxe !

M. DUROZET. Incontestable vérité. C'est à eux que vous devez la liberté économique (car vous reconnaîtrez que l'Empire vous la donne, celle-là !), et

lettre du général Bugeaud, rendant compte de sa mission de Blaye : « Louis-Philippe a-t-il beaucoup de serviteurs comme vous? — « J'aime à le croire, madame; mais il a en outre autour de lui tous « les intérêts matériels, voilà ce qui le rend bien fort. »

(*Revue retrospective*, p. 107.)

[1] L'importance des questions matérielles, disait dans cette leçon M. Baudrillart, redevient grande; elle prend un caractère presque sacré dès que l'on comprend bien que c'est du pain quotidien des populations qu'il s'agit. Mais qu'il y a peu de portée d'esprit à ne pas comprendre que derrière les questions matérielles, même les plus importantes, il se cache presque toujours des questions de principe!»

par la liberté économique, nous arriverons progressivement, infailliblement, à la liberté politique...

Casimir. Ce n'est pas le chemin le plus court...

M. Durozet. C'est le plus sûr... Grâce à elle, — car l'intérêt rend fort intelligent, — les plus obtus commencent à percevoir l'utilité du ressort individuel, la puissance de l'association, le péril de la protection gouvernementale : toutes choses sur lesquelles il importe d'être éclairé pour se servir de la liberté. Je vais vous dire un mot qui vous fera sauter au plafond, mais que je crois pourtant bien vrai : Dans cette halte de dix ans, on s'est mieux étudié, on a mieux appris les vertus qu'il fallait prendre et les vices qu'il fallait perdre, plus sûrement trié le fardeau révolutionnaire qu'il fallait jeter sur la route et le bagage libéral qu'il fallait conserver ; on a plus acquis en un mot ces mœurs essentielles de la liberté qu'on ne l'eut fait en trente années de lutte parlementaire et même, — n'en déplaise à votre métaphore : Retour de l'Inde, — en trente années de révolution permanente.

Casimir. L'argument est spécieux. Par bonheur il est faux. Tous les progrès sont solidaires. Sous un pouvoir absolu (et j'appelle pouvoir absolu tout pouvoir qui n'est pas parlementaire), la liberté économique elle-même est impossible ; et vous ne l'avez pas réalisée comme vous le prétendez.

M. Durozet. Quoi! pour parler de cette seule réforme, le traité anglo-français n'a-t-il pas résolûment implanté en France, je puis dire en Europe, le principe de la liberté commerciale?

Casimir. Vous me fournissez des arguments. J'allais précisément vous parler du traité de commerce... Je suis libre-échangiste, c'est pour moi affaire de dogme. Les doléances individuelles me touchent peu. Les filateurs n'arrêteront pas plus le triomphe du libre-échange que les postillons et les aubergistes n'ont arrêté l'établissement des chemins de fer.

M. Durozet. C'est la même cause en effet...

Casimir. Mais cela ne m'empêche pas de maudire votre traité et de dire avec M. Prévost-Paradol : « Il « y a des libre-échangistes et des protectionnistes « dans le parti libéral; mais on n'y trouverait pas « UN partisan du traité de commerce avec l'Angleterre. »

M. Durozet. Pourquoi?

Casimir. Parce qu'il eût fallu, pour nous plaire, agir autrement que vous n'avez fait, et ne pas user du droit que la Constitution vous donnait. Il fallait offrir, vous avez imposé. Vous avez été libéral... arbitrairement! Votre tendance absolutiste a gâté votre louable entreprise. Elle l'a rendue inacceptable aux vrais amis de la liberté.

M. Durozet. Mais, cher monsieur, on a pris le seul moyen qui fût possible. Par les voies constitutionnelles, nous n'aurions jamais obtenu le traité de commerce. Une assemblée n'aurait eu de bien longtemps le courage de rester sourde aux lamentations de ses membres menacés, et de considérer, par delà ces intérêts individuels momentanément froissés, l'immense intérêt général satisfait. Est-ce que, sous la monarchie de Juillet, ces résistances isolées ne firent pas échouer tous les projets de cette nature? Vous pouvez renvoyer M. Prévost-Paradol à son collaborateur au *Journal des Débats*, M. Baudrillart; il lui démontrera très-nettement que le mode adopté était le seul qui pût réussir[1].

Casimir. Eh bien! monsieur, si le Corps législatif ne devait pas me donner la liberté commerciale, je m'en fusse passé. J'aurais mieux aimé mille fois en être à jamais privé que de la recevoir hors des règles. Mes principes ne sont esclaves ni de mes intérêts,

[1] Après la victoire remportée par les protectionnistes sur l'article chiffon, au Corps législatif, M. Baudrillart écrivait: « Si, après l'expé- « rience solennelle de 1856, il avait été besoin d'une preuve nou- « velle pour établir que le parti aurait fait avorter tout projet sérieux « de réforme commerciale qui eût été livré à la discussion législative, « et que, par conséquent, le seul moyen de faire prévaloir un sys- « tème commercial en rapport avec le progrès des idées était de « mettre en œuvre la faculté donnée par la constitution de procéder « par un traité de commerce, cette histoire des chiffons aurait com- « plété la démonstration. A quelque chose malheur est bon. »

ni de mes sympathies ; ils sont indépendants, ils sont inflexibles.

M. Durozet. Hum ! Vous n'étiez pas si puritain tout à l'heure à l'endroit des coalitions. Le but est pourtant singulièrement différent ; vous défendiez des manœuvres d'intérêt privé. Ici vous devez bien reconnaître que le gouvernement ne s'est attelé à cette œuvre pénible, épineuse, délicate, que par désir du bien public.

Casimir. Le bien public lui-même doit être sacrifié aux principes. Si j'ai eu tout à l'heure une défaillance, je la regrette et la rétracte.

M. Durozet. A la bonne heure ! Vous êtes un pur. Vous me rappelez M. Élias Regnault.

Casimir. Et pourquoi ?

M. Durozet. Figurez-vous que l'année dernière *le Times*, racontant un grand incendie qui avait duré huit jours et causé une perte de 75 millions, disait avec orgueil qu'à Paris on eût éteint ce feu en vingt-quatre heures « en appelant toute la garnison, en faisant commander les manœuvres par un maréchal de France, en abattant, au besoin, un périmètre de maisons pour isoler le foyer de conflagration ; » mais, en Angleterre, ajoutait-il, « on n'aime pas cette intervention de l'autorité en toutes choses. On préfère brûler et s'éteindre à sa fantaisie... » J'avoue timidement qu'en cas d'incendie, si je ne pouvais m'éteindre moi-même, je serais enchanté que le gouvernement m'y aidât; je trouverais même fort bon qu'il abattît un coin de ma maison pour sauver le reste *La Presse*, qui pensait comme moi, plaisanta légèrement *le Times*. Mais M. Élias Regnault lui tarit le sourire sur les lèvres en disant : « Cette doctrine « paraît quelque peu absurde à notre confrère pari- « sien. Nous ne saurions être de son avis, car elle « repose sur un grand principe que nous voudrions « voir gravé au cœur de tout Français. » Voilà ce qui s'appelle parler.

Casimir. Et très-bien.

M. Durozet. J'en étais sûr! Vous aimez mieux brûler que d'être éteint par la main de l'État? Brûlez donc à votre aise, et, si vous y perdez votre maison, votre fortune, la vie même, vous vous consolerez en disant : Tout est perdu, fors les principes.

Casimir. Que voulez-vous, monsieur? c'est ainsi qu'il faut être quand on aspire au nom de libéral.

M. Durozet. Oui-da! à ce compte, je ne serai jamais un libéral, je vous le déclare...

Casimir. Je le déplore pour vous, monsieur. Vous vous séparez à plaisir de votre pays, de votre siècle.

M. Durozet. Le pays pense comme moi.

Casimir. Les élections décideront entre nous.

M. Durozet. Je les attends.

Casimir. Votre Corps législatif sera largement modifié.

M. Durozet. J'espère bien que non.

Casimir. Vous le trouvez suffisant? Mais il n'est pas capable d'interpréter, ni surtout de développer le décret du 24 novembre. Il n'a pas les traditions parlementaires.

M. Durozet. C'est pour cela qu'il me convient.

Casimir. On peut dire de lui ce que M. Guizot, dans son noble langage, disait du cabinet Molé : « Il est sensé, mais manque de vigueur et de richesse « intellectuelle. » Il perd son temps à éplucher de petites lois spéciales, de petites mesures d'intérêt local.

M. Durozet. C'est assez bien perdre son temps!

Casimir. Les grands talents y sont rares.

M. Durozet. Mais les intelligences pratiques nombreuses.

Casimir. On y fait de mauvais discours.

M. Durozet. Et de bonnes lois.

Casimir A peine dans les débats de l'adresse

voyons-nous les trois héros de la gauche et les défenseurs du pouvoir échanger quelques passes devant la foule spectatrice!... Quel court et pâle reflet de nos grandes journées!

M. Durozet. Une douzaine de grands discours prononcés de part et d'autre suffisent amplement, croyez-le, pour dessiner les grandes lignes et vider toutes les questions politiques de l'année.

Casimir. Encore m'accorderez-vous que ces rares discours devraient être éloquents. Le sont-ils? Avez-vous un seul orateur?

M. Durozet. Mais oui!

Casimir. Vous allez me parler encore de M. Billault, peut-être même de M. Émile Olivier? Je connais vos goûts. Mais, depuis que j'ai étudié nos classiques parlementaires, je ne puis plus les admirer. Ils n'ont pas les traditions. Ils n'appartiennent pas à la grande école. M. Billault n'est pas un orateur ministériel. Olivier n'est pas un orateur d'opposition.

M. Durozet. Qu'entendez-vous par là?

Casimir. Vous le savez comme moi. Un ministre doit fatiguer, éblouir, magnétiser son auditoire; parler le plus longtemps pour dire le moins qu'il peut.

M. Durozet. M. Billault, j'en conviens, paraît viser, au contraire, à dire le plus brièvement le plus dechoses possible.

Casimir. Il doit élever, élargir les débats, se maintenir en de prudentes généralités, planer dans les sphères nébuleuses de la théorie, avoir une doctrine prête pour tout événement; ne jamais lancer un argument net, précis, qu'on puisse retourner contre lui.

M. Durozet. Ah! vous aimez qu'à propos d'une loi de douane on vous fasse une déclaration des droits de l'homme? M. Billault ne vous offrira jamais ce plaisir. La théorie n'est pas trop de son goût. Quand il peut placer un exemple, un chiffre, un fait, il est heureux! Avec lui vous aurez peu de ces périodes redondantes, éblouissantes, endormantes, qui constituent, selon vous, l'éloquence ministérielle. Ce n'est pas le magnétiseur que vous cherchez. C'est un lutteur. Sa parole brève, nette, acérée, fend comme un sabre, perce comme une épée. Il ne se dérobe pas. Il se présentede face. Son oreille épie l'interruption. Il regarde son adversaire dans les yeux. Il le provoque. Il veut l'avoir devant lui. Alors l'assaut commence. On voit le fer s'engager, se retirer par une feinte habile, puis filer droit : *Touche!* en pleine poitrine!... On applaudit. Il se redresse légèrement, s'arrête une seconde et se remet en garde... J'en conviens, nous sommes loin de votre idéal.

Casimir. Fort loin! et le public, monsieur, a tellement perdu le souvenir de nos glorieux débats, que tout le monde, comme vous, le met au premier rang; que beaucoup de nos amis eux-mêmes lui attribuent un talent hors ligne. C'est bien triste...

M. Durozet. Et Olivier? n'est-ce pas un orateur plein de charme?

Casimir. Peut-être; mais quel singulier opposant! Nulle fermeté, nulle précision. Il est insaisissable. Il s'assoit tour à tour sur tous les bancs de la Chambre : hier content, grondeur demain, après-demain indifférent. Il prétend approuver le gouvernement quand il fait bien, le blâmer quand il fait mal, comme si ce n'était pas reconnaître indirectement le pouvoir qu'il a mission d'ébranler. Je vous le répète, il n'a pas les traditions du rôle. Il n'ira pas loin.

M. Durozet. Je gagerais que M. Picard vous convient davantage.

Casimir. Parbleu! Celui-là a de l'avenir. Celui-là comprend l'opposition. Il ne transige pas avec ses convictions, lui! Ce que le gouvernement fait est mal fait et ne saurait l'être bien, il ne sort pas de là. Si le gouvernement était chargé d'allumer le soleil, comme les réverbères, il nierait le jour en plein midi; parfait!... Puis il est si drôle! On n'a pas plus d'esprit. Vous rappelez-vous les *enfants trouvés* qui *ne se trouvèrent pas?* M. About n'est pas plus amusant. Observez la Chambre quand il demande la parole. Toutes les conversations cessent, toutes les plumes s'arrêtent. On s'adosse, on s'accoude, on cherche une bonne posture; et sur tous les visages épanouis se lisent clairement ces mots : « Nous allons nous amuser! »

M. DUROZET. C'est l'intermède comique!

CASIMIR. C'est qu'il les fait rire autant qu'il veut.

M. DUROZET. Et même plus!

CASIMIR. C'est mon orateur, je ne le cache pas... Hélas! c'est le seul que je compte.

M. DUROZET. Le Corps législatif trouve qu'il en a bien assez pour l'éclairer. Il n'aime pas ces *grands débats* qui vous sont chers. Les discours d'apparat l'ennuient. Il faut lui dire quelque chose pour se faire écouter de lui. Il aime à causer brièvement, poliment, froidement.

CASIMIR. Froidement! vous pouvez le dire. Le président lui-même, le plus indifférent de tous, ne prend parti pour personne, n'interrompt pas plus celui-ci que celui-là, laisse tout dire sans s'émouvoir. Il semble n'avoir pas de préférence, pas d'opinion — et même pas d'oreilles.

M. Durozet. Mais c'est ce qu'on nomme de l'impartialité, cela : grande vertu pour un président, vertu rare.

Casimir. C'est ce que je nomme, moi, de l'apathie !... Non, il n'y a pas dans cette assemblée une corde qui vibre. Les affaires, les affaires, les affaires, cela passe avant tout aujourd'hui.

M. Durozet. Et cela passait jadis après tout, je le reconnais. La Chambre était vide quand on lui apportait des lois comme celle du Reboisement ou du Travail des enfants. Les intérêts étaient héroïquement sacrifiés à la combinaison politique : témoin le réseau de 1837, repoussé sur le rapport d'Arago. Tous les pays avaient des chemins de fer : nous n'en avions pas. Bah ! nous étions au-dessus de cette bagatelle... Un jour, avec sa franchise un peu trop militaire, le maréchal Soult vint dire à la tribune que, comme soldat, il blâmait les fortifications, mais qu'il les approuvait comme ministre. Il y a mieux : M. Guizot présente une fort bonne loi sur l'instruction primaire et la fait voter par la Chambre des députés. Il tombe, — *et sa loi aussi !* Elle n'est pas portée à la Chambre des Pairs !... Tenez, reportez-vous à notre discussion sur les céréales, comparez-la à celle de l'année dernière : vous aurez une assez juste idée des deux assemblées. Et vous me direz laquelle faisait les lois avec le plus de soin.

Casimir. Mon Dieu! que vos députés traitent bien les affaires, c'est possible : ils ne font pas autre chose! Mais, quoi que vous disiez, ils ne sont pas institués pour cela. Non! votre Corps législatif n'est pas une véritable assemblée politique : c'est un grand conseil général. Le mot n'est pas de moi, mais il est juste. Nous n'avons plus qu'une assemblée politique, hélas!

M. Durozet. Laquelle?

Casimir. L'Académie. Elle seule peut nous consoler de l'amoindrissement universel. Nous y trouvons réunis, comme en un splendide musée, les traditions et les talents de la grande époque. Nous y voyons l'indépendance, le courage civiques s'affermir par de sanglantes épigrammes et d'écrasantes allusions. C'est peu sans doute. Mais vous ne nous avez pas laissé d'autres armes. En France, d'ailleurs, le sourire est encore un instrument redoutable. Une bonne satire y sape un trône mieux qu'une insurrection. Quand M. Saint-Marc Girardin a dit : « *Car nous pouvons parler de Constantin*; » quand, dans sa brochure sur la papauté, M. Villemain a écrit Grand-Guillot en deux mots, ils ont porté, croyez-le, de rudes coups à l'Empire.

M. Durozet. Il s'en relèvera.

Casimir. Heureusement, je vous le répète, nous allons changer tout cela, et nommer un vrai Corps législatif... Du moins si le gouvernement, comme j'y compte bien, change son système électoral.

M. Durozet. Pourquoi donc? il est fort bon.

Casimir. Vous plaisantez! C'est le gouvernement qui nomme ses députés. La question est actuelle, elle est brûlante : Je ne serais pas fâché d'en causer sérieusement avec vous. C'est même le principal but de ma visite.

M. Durozet. Je vous répondrai d'autant plus volontiers, d'autant plus facilement, que je prépare une petite brochure sur la matière. J'ai là tout un dossier. Tenez.

Casimir. Eh! mon Dieu, quel volume!

M. Durozet. Et ce n'est pas complet. La collection des documents de la République et de la Restauration est à peu près faite, celle des pièces de la Monarchie de Juillet est seulement commencée. Mais l'heure est avancée... La matière est grave et vaut qu'on la discute longuement. Si vous voulez, nous remettrons cette conversation à demain. Venez à la même heure, je serai tout à vous.

Casimir. A demain donc!

SECOND ENTRETIEN

LES ÉLECTIONS SOUS LES DIVERS RÉGIMES

LES

ÉLECTIONS SOUS LES DIVERS RÉGIMES

Casimir. Avant tout, laissez-moi vous faire une question. Une lutte peut-elle être sérieuse, loyale, honnête, s'il n'y a parité d'armes, égalité de chances entre les adversaires ?

M. Durozet. Non sans doute.

Casimir. Le principe d'égalité ne doit-il pas, en conséquence, dominer toute la question électorale?

M. Durozet. Si.

Casimir. Vous blâmez donc l'intervention administrative ?

M. DUROZET. Au contraire.

CASIMIR. Je ne comprends plus.

M. DUROZET. C'est précisément au nom du principe d'égalité que j'accorde au pouvoir le droit d'appuyer ses amis.

CASIMIR. C'est une plaisanterie!

M. DUROZET. Du tout, c'est très-sérieux, très-pratique. Je le prouve. En France, cher monsieur, nous ne nous occupons de la chose publique que pour l'ébranler, jamais pour la soutenir. Nous attaquons avec bonheur; défendre nous ennuie : nous laissons cette ingrate besogne au gouvernement lui-même. Voyez ce qui se passe au Corps législatif : qui répond aux députés de la gauche? Les députés de la droite? Non. Il y en a qui parleraient fort bien; ils ne s'en soucient pas. Ce sont les ministres et les commissaires du gouvernement, eux seuls et toujours eux. M. Rocques Salvaza s'étonnait un jour de ce fait et morigénait ses collègues pour leur nonchalance. Les collègues ont ri. Ils ont applaudi. Mais pas un n'a parlé. Qui répond aux journaux de l'opposition? Les journaux plus ou moins inspirés par le pouvoir. De tout ainsi. Que le mouvement électoral soit abandonné à lui-même, l'opposition se remuera, elle aura des courtiers d'élection, des colporteurs, des comités, des journaux. Les amis du gouvernement n'auront rien du tout. Les plus dévoués feront des vœux, des vœux ardents, je n'en doute pas, mais rien de plus.

Casimir. Cette théorie est bizarre ; je la connaissais, et je sais des libéraux qui la soutiennent. Pour moi...

M. Durozet. Pour vous, M. Duchâtel est-il une autorité ?

Casimir. Très-grande.

M. Durozet. Eh bien veuillez me passer le dossier. Tenez ! lisez-moi cette circulaire : elle est de lui.

Casimir (Lisant). « *Monsieur le préfet, il y a des opinions absolues qui prétendent que l'administration, demeurant impassible et inactive, ne doit pas intervenir dans les élections. Ces maximes n'ont jamais été mises en pratique sous aucun cabinet...* »

M. Durozet. Vous l'entendez ?

Casimir. « *Elles sont contraires à la nature même de nos institutions.* »

M. Durozet. Catégorique !

Casimir. « *Le gouvernement est sans cesse attaqué dans ses actes, dans son système, dans ses intentions. Loin de nous l'intention de vouloir nous en plaindre : c'est la condition de tous les pouvoirs sous le régime représentatif d'être soumis à un continuel contrôle. Mais que deviendrait un pouvoir attaqué sans relâche et qui ne serait pas défendu? Les agents qui le représentent d'une manière directe ont le devoir de faire prévaloir sa politique, qu'ils ne serviraient pas s'ils ne la croyaient pas bonne, de lutter avec loyauté et courage contre les manœuvres des partis, d'éclairer les esprits quand on cherche à les abuser...* »

M. Durozet. C'est net ?... Eh bien, je pourrais vous en montrer plus d'une de ce genre. Tenez.....

Casimir. Mais pardon, monsieur, pardon!... Ce n'est pas fini. Voici ce que j'aperçois plus bas :

« *L'exercice de cette franche et loyale influence, voilà ce que je vous demande ; rien de plus, rien de moins. L'indépendance des consciences doit être scrupuleusement respectée ; les intérêts publics, les droits légitimes ne doivent jamais être sacrifiés à des calculs électoraux. Ce n'est ni par la séduction qui s'attache à l'espérance de faveurs personnelles momentanées, ni par l'intimidation qui inquiéterait à raison de l'exercice d'un droit des situations légitimement acquises que vous devez concilier des suffrages à la politique du gouvernement. Fidélité sévère aux règles de justice dans l'expédition des affaires, respect de la liberté et de la moralité des votes, mais action ferme et persévérante sur les esprits, tels sont les principes qui en matière d'élec-*

tion doivent présider aux rapports de l'administration avec les citoyens. »

Ainsi formulé, j'adopte volontiers le système. Je reconnais au gouvernement la faculté de légitime défense. Mais si je lui abandonne le droit, je ne veux pas tolérer l'abus.

M. Durozet. Nous ne discutons que le droit. L'abus vous regarde. Prouvez-le : justice en sera faite... Le Corps législatif est juge souverain.

Casimir. Je ne veux pas, dis-je, tolérer l'abus, et l'abus est plus grave, plus fréquent, plus inévitable sous le régime actuel que sous tout autre.

M. Durozet. Erreur. Prenez mon dossier, fouillez!

Casimir. Avec plaisir... (Lisant) : *République de 48*... Voici d'abord un *Extrait des Bulletins*.

« *Quels sont vos pouvoirs ? Ils sont illimités. Agents d'une autorité révolutionnaire, vous êtes révolutionnaires aussi. La victoire du peuple vous a imposé le mandat de faire proclamer, de consolider son œuvre. Pour l'accomplissement de cette tâche, vous êtes investis de sa souveraineté, vous ne relevez que de votre conscience, vous devez faire ce que les circonstances exigent pour le salut public. Grâce à nos mœurs, cette mission n'a rien de terrible. Il ne faut pas cependant vous faire illusion sur l'état du pays. Les sentiments républicains y doivent être vivement excités, et pour cela il faut confier toutes les fonctions à des hommes sûrs et sympathiques.* »

Autre chose : *Déclaration du ministre de l'intérieur à une députation de Périgueux :*

« *Le ministre a déclaré à ces messieurs, qu'il fallait être insensé pour croire que le gouvernement provisoire ne devait pas intervenir dans les élections, se faire désigner des candidats, connaître leur esprit et les faire appuyer par tous les moyens possibles de manière à avoir une assemblée profondément patriotique.* »

M. Durozet. Continuez, continuez, vous allez trouver mieux...

Casimir. Ah ! je reconnais la circulaire que vous m'aviez citée dans notre rencontre au Corps législatif.

M. Durozet. Oui, celle où M. Jules Favre, secrétaire général du ministère de l'intérieur, prie les commissaires de lui envoyer les noms des candidats à la députation, afin qu'on leur puisse dire sur lesquels doivent être dirigés les suffrages?... Oh! il y en a une encore plus intéressante. Écoutez :

RÉPUBLIQUE FRANÇAISE

CABINET DU MINISTÈRE DE L'INTÉRIEUR

« Paris, 14 mars 1848.

« *J'ai besoin, citoyen commissaire, de savoir par le retour du courrier votre opinion sur la question suivante :*

« *Considérez-vous comme possible* D'ÉCLAIRER ASSEZ VOTRE DÉPARTEMENT *d'ici au 5 avril prochain pour que les élections nous donnent une représentation sérieuse, dégagée des traditions corruptrices, propre à établir solidement la république ?*

« *Si vous estimez qu'il est utile de retarder le moment des élections, quel serait l'ajournement nécessaire ?*

« *Dites-moi en même temps si vous ne jugeriez pas utile d'obtenir du décret électoral une modification qui vous permît, sans craindre de difficultés ultérieures, de faire voter, par sections de communes. Je pense que les comités électoraux fonctionnent. Activez-les et faites-moi parvenir, avec vos observa-*

tions, les noms des candidats qui ont le plus de chances.

« *Salut et fraternité.*

« *Pour le ministre de l'Intérieur,*

« *Le secrétaire général*

« *Signé :* JULES FAVRE. »

J'ai encore une assez curieuse lettre de lui à Émile Olivier... Écoutez ce passage :

« *La candidature de M. Thiers doit être combattue par tous les moyens possibles, et le gouvernement provisoire attend de vous que vous fassiez les plus grands efforts pour qu'elle échoue. Que les électeurs en fassent justice. Je n'ai pas besoin de vous dire quelle doit être votre conduite relativement aux candidatures des membres de l'ancienne majorité ministérielle ; vous devez être convaincu, en effet, que leur élection dans les circonstances actuelles produirait les plus grands dangers.* »

Qu'en dites-vous ?

CASIMIR. Je dis, monsieur, — vous voulez que je sois franc ? — Je dis que ces circulaires ne sont pas authentiques ; je dis que M. Jules Favre ne les a ni écrites ni signées. Vous les aurez sans doute recueillies dans ces petits journaux du temps qui se faisaient un jeu de dénaturer la vérité, et de placer sur les lèvres de leurs ennemis des infamies imaginaires.

M. DUROZET. Elles sont de l'authenticité la plus pure !...

CASIMIR. Alors il y a deux Jules Favre ?

M. DUROZET. Il n'y en a qu'un.

CASIMIR. C'est impossible...

M. DUROZET. Pourquoi ?

CASIMIR. Voyons, en conscience, si Jules Favre eût écrit tout cela, pensez-vous qu'il eût osé faire au Corps législatif les discours que vous avez entendus [1] ? professé cette sainte horreur pour la contrainte administrative ? réclamé avec tant d'énergie l'abolition des candidatures officielles ?... C'est inadmissible ! Montrez-moi les originaux eux-mêmes, je dirai encore : cela ne se peut, il y a là-dessous quelque mystère.

M. DUROZET. Cette incrédulité fait votre éloge, monsieur.

[1] Voir les discours des 14 mars 1861, 8 mars 1862, 11 février 1863.

Casimir. Je veux bien admettre un instant que ces circulaires aient été écrites : elles n'ont pas été exécutées ! L'événement a prouvé que les suffrages avaient été affranchis de toute pression.

M. Durozet. Vous croyez?... Parcourez-moi donc ce petit répertoire dressé de mes mains.

« *Allier.* — Commissaire général révoquant deux cents maires et écrivant à leurs successeurs institués de sa seule autorité : « *Les noms des huit candidats ont été pris sur une liste de trente-cinq par les républicains les plus éprouvés de tous les cantons du département. Tous les délégués des cantons ont pris l'engagement d'honneur de se dévouer au succès des huit candidatures, et de repousser toute candidature nouvelle quelle qu'elle soit, comme un moyen de division entre les républicains, et comme une trahison envers la république.* »

« *Dordogne.* — Autre commissaire envoyant dans les cinquante-quatre cantons de son département cinquante-quatre sous-commissaires chargés d'organiser et de surveiller le mouvement électoral;

« *Haute-Garonne.* — Inspecteur des postes autorisé par son commissaire à recevoir et à transmettre les votes de tout son personnel ;

« *Privas.* — Les pompiers font la police de la salle, et déchirent les bulletins qui leur déplaisent ;

« Deux cents électeurs reçoivent devant l'urne, des mains de leur maire, leurs bulletins tout écrits. Le fait est constaté, et la Chambre valide l'élection où il s'est produit..... »

Je pourrais continuer longtemps : je pense que vous êtes édifié ?... Ah ! j'allais oublier l'histoire de Longepied, agent du club des clubs, recevant 123,000 francs du gouvernement provisoire pour « *faciliter l'application du suffrage universel*. » Le mot est charmant, n'est-ce pas ?

Casimir. Cent vingt-trois mille francs ?

M. Durozet. Oh ! Ce n'est rien. On dépensa bien davantage... Tenez, lisez cette note.

Casimir (lisant). « Des commissaires réclament 700... 800... 1,107... et jusqu'à 2,034 fr. soixante centimes, pour impression de bulletins. »

M. Durozet. On doit avoir une assez jolie quantité de bulletins pour 2,034 fr. soixante centimes... Notez bien les soixante centimes. Ils sont précieux.

Casimir. Autre commissaire demandant 300 fr. donnés à un maire pour lui faire retirer sa candidature.

M. Durozet. 300 francs, une candidature ! Ce

n'est pas cher et voilà de l'argent bien dépensé. Qui donc a dit que le gouvernement provisoire gaspillait nos finances?

CASIMIR. Troisième commissaire réclamant 21,500 francs dont il refuse d'indiquer l'emploi... — Quatrième commissaire demandant le remboursement de 23,000 fr. qu'il a dépensés « en envoyant (c'est lui qui parle) des délégués dans un grand nombre de communes des Bouches-du-Rhône pour y reconstituer l'autorité municipale et pour diriger le mouvement électoral... » Les Bouches-du-Rhône?... est-ce que ce serait?...

M. DUROZET. Mon Dieu, oui... ce n'était pas alors l'orateur sage, habile, modéré, vraiment libéral que vous connaissez : c'était un bouillant jeune homme de 23 ans. C'était surtout le correspondant et le subordonné de M. Jules Favre qui lui prescrivait, vous l'avez vu, d'employer pour triompher tous les moyens possibles.

CASIMIR. Eh bien! je n'ose le dire encore... mais toutes ces petites histoires me paraissent aussi suspectes que les documents... J'ai pour cela une bonne raison.

M. DUROZET. Laquelle?

CASIMIR. C'est que les élections n'ont pas répondu aux désirs du gouvernement provisoire...

M. Durozet. Est-ce que M. Dufaure, malgré tout son zèle, a pu gagner beaucoup de voix à Cavaignac?

Casimir. Il faudrait donc admettre que le gouvernement ne peut imposer ses choix au suffrage universel? dire avec M. Billault qu'on ne peut mener 9 millions d'électeurs à la baguette?

M. Durozet. Sans doute...

Casimir. Oh! cela, monsieur, je m'y refuse absolument!

M. Durozet. Eh bien, je vais vous fixer. Tous les faits que je viens de vous citer sont extraits du *Rapport lu le 14 avril 1849, par M. Ducos, à l'Assemblée législative, au nom de la commission chargée de l'examen du compte spécial de toutes les dépenses ordonnancées par le gouvernement provisoire.*

Casimir. Singulier! Du reste, cela ne m'ébranle pas... Je vous abandonne volontiers la république et ses élections. Elles ont eu lieu sous l'empire du suffrage universel : cela me suffit!...

M. Durozet. Ah?... Passons donc au suffrage restreint... Tenez, voilà le dossier de la Restauration... Vous y trouverez les instructions du comte Decazes et les circulaires du ministre des finances, (septembre 1816). Puis je vous recommande les commissaires envoyés dans les départements pour pétrir la matière électorale, promettant de l'avancement à ceux-ci, menaçant ceux-là de destitution, prenant parfois le titre élégant d'*Inspecteur d'opinion*. Puisqu'il faut, ô incrédule, vous indiquer mes sources, je vous avertis que vous pourrez vérifier tout ceci dans les *œuvres de* Chateaubriand, tome XXI, p. 120 ou 122. Tenez, voilà des circulaires du ministère de la justice : 20 janvier 1824. « *Le ministre de la justice exige des procureurs du roi, des officiers de police judiciaire et des officiers de police ministériels une coopération loyale, active et efficace dans les élections générales : il leur prescrit une conduite prudente et uniforme. Le gouvernement ne confère les emplois publics qu'afin qu'on le serve et qu'on le seconde.* » 29 mai 1830. « *On engage les officiers du ministère public à éclairer les électeurs sur les véritables intérêts de la France, et à réclamer le concours de tous les officiers ministériels*[1]. » Pauvres officiers ministériels ! il n'avaient qu'à se bien tenir. On vit un avoué, le sieur Comte[2], à qui on enleva son titre, payé de ses deniers, pour opposition électorale ! Et M. de Sesmaisons perdant son emploi de colonel pour avoir voté contre Dudon !

[1] Ces circulaires n'étant pas publiées, nous en donnons le résumé tel qu'il se trouve dans les *Analyses des circulaires du ministère de la justice*, par Gillet, p. 318 et 421.

[2] Dard. *Des offices.*

Casimir (fouillant). Tiens, qu'est-ce que c'est que cela : « *Papavoine était un homme d'ordre ; il votait très-bien.* »

M. Durozet. C'est la déposition d'un maire, dans la fameuse affaire... Fouillez, fouillez, vous trouverez des circulaires épiscopales, des mandements électoraux où l'on accuse les libéraux d'être les auteurs des incendies qui ravagent la France ; des sermons où l'on avertit les fidèles que s'ils refusent leurs suffrages aux amis du roi, « la France tombera « bientôt au-dessous des pays barbaresques. » Si vous doutez encore de l'authenticité de ces documents, vous pourrez les contrôler chez votre ami, M. de Nouvion, au tome Ier de son Histoire.

Casimir Oh ! je vous crois sur parole. Je vous abandonne la Restauration. Elle n'a pas mes sympathies. Je n'aime pas les nobles ! Je suis l'homme des classes moyennes.

M. Durozet. Oui ? Eh bien, quand nous aurons le temps, vous me ferez le plaisir de me dire ce que c'est que les classes moyennes... Je ne l'ai jamais bien compris. Mais le temps presse. Arrivons donc au gouvernement de Juillet.

Casimir. Oh ! celui-là, je le défendrai.

M. Durozet. A votre aise. Mais commencez par consulter son dossier. Vous avez lu la circulaire de

M. Duchâtel... En voici d'autres de M. Molé, de Casimir Périer, etc., qui développent la même théorie.

Casimir. L'action gouvernementale contenue dans les limites de la légitime défense?... Bien! très-bien!

M. Durozet. C'étaient les déclarations officielles : Les instructions secrètes étaient sans doute plus accentuées...

Casimir. Qui vous le fait supposer?

M. Durozet. Les faits. Voyez par exemple les élections de 1842, de 1846 ; les élections Drault, Kœchlin ; les élections de Quimperlé, Vendôme, Carpentras, Langres, celle d'Embrun, où l'adjoint lui-même vend sa voix pour 800 francs à l'opposition, etc. Fouillez... il y a de quoi vous amuser. Non, non! laissez tout cela : voici mieux. Lisez-moi ce discours prononcé par M. de Tocqueville au mois de janvier 1848. C'est terrible.

Casimir (après avoir lu). Ce discours serait dur en effet s'il émanait d'un député n'appartenant à aucun parti. Mais en janvier 1848, vous ne l'ignorez pas, M. de Tocqueville était dans l'opposi-

[1] Ce très-curieux document est trop étendu pour que nous puissions le citer ici. On le trouvera à la note F.

tion. Or vous savez par expérience, et vous me rappeliez vous-même hier ce que signifie le langage d'une opposition parlementaire et quelle créance il mérite. S'il fallait le prendre à la lettre, s'il fallait croire, par exemple, ce que M. Thiers a dit de l'administration de M. Guizot ; M. Guizot, de l'administration de M. Molé ; M. de Lamartine, de l'administration de MM. Thiers et Guizot (la collection de ces appréciations mutuelles a été faite : je l'ai chez moi), on serait naturellement conduit à cette conclusion qu'aucun d'eux n'a su gouverner... Et vous-même, monsieur, ne voudriez-vous pas soutenir un tel paradoxe !

M. Durozet. Je ne vous ferai pas ce chagrin.

Casimir. M. Duvergier de Hauranne n'a-t-il pas un jour accusé le gouvernement de juillet de complicité morale dans les affaires Teste, Praslin[1], etc... Vous voyez jusqu'à quelles exagérations se laisse entraîner l'opposition et vous comprenez qu'en présence de tels faits je puis décliner son témoignage...

[1] « Regardez-vous, messieurs, comme de purs accidents tous ces désordres, tous ces scandales qui viennent chaque jour porter la tristesse et l'effroi dans l'âme des honnêtes gens? Non, messieurs, tous ces désordres, tous ces scandales ne sont pas des accidents : c'est la conséquence, inévitable de la politique perverse qui nous régit ; de cette politique qui, trop faible pour asservir la France, s'efforce de la corrompre. Tant que le système durera, les désordres, les scandales dureront et augmenteront ; si cela n'est pas clair, il n'y a rien qui le soit au monde. »

M. DUROZET. A merveille.

CASIMIR. Mais je veux être généreux. Je vous concède tout. M. de Tocqueville a dit la vérité? Il l'a même atténuée? Soit!... Je n'en dirai pas moins : Les élections faites sous ce régime, — si mauvais que vous l'imaginiez, — étaient nécessairement (à part l'intention des hommes, par la force même des institutions) plus sincères, plus régulières, plus honnêtes que celles qui s'accompliront jamais sous le régime présent, tels perfectionnements qu'on y apporte!

M. DUROZET. Et cela, parce que?...

CASIMIR. Parce qu'au lieu du suffrage universel, nous possédions le suffrage restreint... Tout est là.

M. DUROZET. Permettez! avant d'examiner les mérites du suffrage universel, — une petite question : croyez-vous qu'on puisse le reprendre?

CASIMIR. Hélas! non, je ne le crois guère.

M. DUROZET. Ne le discutez donc pas.

CASIMIR. Par exemple!... Toujours ce même raisonnement matérialiste.

M. DUROZET. Non : simplement pratique.

CASIMIR. Pour moi, monsieur, la doctrine plane

au-dessus des faits. Dût mon opinion rester éternellement dans les régions spéculatives, vous ne m'empêcherez pas de la formuler. Je répète donc bien haut que le suffrage universel est mauvais, qu'avec lui nous n'aurons jamais de libres élections.

M. Durozet. J'admets pour un instant, — pour un instant! — que le suffrage universel soit aussi obtus que vous le prétendez. Je vous dirais encore : Reconnaissez qu'il a du moins cet avantage de désintéresser le peuple (qui est la grande force après tout), de l'associer à la chose publique ; tandis que votre suffrage restreint en faisait un étranger, un exclu, c'est-à-dire un ennemi. — Mais je reprends ma supposition. Je ne reconnais pas que le suffrage universel se laisse si facilement égarer. Et pour admettre la supériorité du suffrage restreint, j'attends vos explications.

Casimir. Elles seront brèves, car l'évidence ne se démontre pas. Combien comptez-vous aujourd'hui d'électeurs?

M. Durozet. Huit ou neuf millions.

Casimir. Combien y en avait-il autrefois?

Durozet. En juin 1830, 94,558 ; — en 1832, 166,583; — en 1846, 240,983 [1].

[1] *Histoire de Louis-Philippe*, t. II, p. 253.

Casimir. Bien... Il fallait donc être un petit capitaliste pour déposer son bulletin dans l'urne?

M. Durozet. Sans doute. On m'a dit qu'il y avait tel collége où le bourreau votait, et où le premier président ne votait pas...

Casimir. Très-bien... Une circonscription renferme donc aujourd'hui vingt ou trente mille électeurs. Un collége en représentait alors deux ou trois cents.

Durozet. Souvent moins. Il y en avait beaucoup de deux cent cinquante, deux cent, cent cinquante même! Avec cent ou quatre-vingts suffrages on était élu.

Casimir. De mieux en mieux... N'est-il pas évident que, sur un corps électoral aussi restreint, la corruption s'exerce bien plus difficilement?

M. Durozet. J'avoue que jusqu'à présent j'avais pensé le contraire.

Casimir. Oui, cela semble ainsi d'abord. Mais réfléchissez; vous reconnaîtrez : 1° que le gouvernement achètera bien plus aisément trente mille consciences que quatre-vingts.

M. Durozet. En vérité?

Casimir. Secondement, que seul il pourra les acheter.

M. Durozet. J'attends la démonstration.

Casimir. La voici : pour se concilier tout un arrondissement, tout un département, aujourd'hui, le gouvernement n'a qu'à favoriser ses intérêts, à lui faire des routes, des ponts, etc. Souvent même il suffira que sa politique générale ait été bonne, qu'il ait remporté une victoire, ou rassuré le pape, ou tenu tête à l'Angleterre... que sais-je?

M. Durozet. Et vous appelez cela de la corruption?...

Casimir. Indirecte! Que peut contre de pareils moyens d'influence le pauvre candidat réduit à ses seules ressources?... Avec le suffrage restreint la lutte est bien plus égale. L'influencement, si vous me permettez ce néologisme, est plus difficile au pouvoir et plus facile à ses rivaux.

M. Durozet. Plus difficile au pouvoir?...

Casimir. Oui, des électeurs peu nombreux et presque tous aisés sont moins accessibles que la foule aux considérations d'intérêt général. Il leur faut mieux. Chacun d'eux sait qu'il a une valeur et tient à l'exploiter. Tel veut une bourse, tel veut un bureau de poste, tel un bureau de tabac...

M. Durozet. Eh bien ?

Casimir. Eh bien ! comme cette corruption individuelle serait fort dommageable, elle ne se produira pas. Comme il faudrait souvent refuser la bourse ou le bureau à Pierre, qui a des titres, mais vote mal, ou ne vote pas, pour les donner à Jean, qui n'a pas de titres, mais vote bien, on comprend que l'administration y regardera à deux fois, et que la justice arrêtera à sa source le cours de ses libéralités séductrices.

M. Durozet. Ces sentiments vous font honneur, mais ils ne sont peut-être pas très-pratiques !...

Casimir. Toujours ce mot !... Quant à vous démontrer que l'opposition peut lutter plus facilement, ceci me semble inutile. Cent voix peuvent s'acheter...

M. Durozet. Oui, ce luxe est à la portée de toutes les bourses. Il est d'autant moins coûteux que, sous le régime qui vous est cher, les députés arrivent naturellement aux beaux emplois, et que la mise de fonds se trouve ainsi bientôt couverte...

Casimir. Sans doute... Vers la fin de la monarchie de Juillet ce petit trafic commençait à s'établir assez régulièrement chez nous. J'en trouve même la preuve dans ce dossier accusateur... Dans telle élection que vous notez comme irrégulière, c'est le candidat opposant qui a commis l'irrégularité... Vous me parliez de l'adjoint d'Embrun. Mais à qui a-t-il vendu sa voix? à l'opposition!... Autre fait. Tenez, voyez vous-même : « *Quimperlé*, 1846. « *M. D... paye les voix deux et trois mille francs. Il* « *offre voyage et séjour à Paris à des électeurs dou-* « *teux. Il dépense cent quarante-cinq mille francs.* « *Manœuvres plus graves. Condamné à trente-* « *sept mille francs d'amende et cinq ans d'interdic-* « *tion des droits civils.* »

M. Durozet. Et vous approuvez cela?...

Casimir. Sans doute. De cette façon les chances sont égales... Mais ai-je besoin d'insister? Cette doctrine n'est-elle pas admise par tous les peuples libres? Vous savez mieux que moi comment les choses se passent en Angleterre et aux États-Unis. Vous savez que la plus petite élection municipale s'y paye fort cher. Vous savez qu'on a vu des siéges au parlement dépasser le prix d'un million. M. de Tocqueville ne l'ignorait certes pas. Son indignation était donc factice ou tout au moins exagérée. Il avait trop bien étudié les mœurs, les institutions anglaises et américaines, pour ne s'être pas convaincu que la corruption électorale est inhérente au système parlementaire, et qu'elle est indispensable à son jeu régulier.

M. Durozet. L'Angleterre elle-même vous dément, car elle a fait une loi très-sévère contre la corruption.

Casimir. On ne pourra l'exécuter. — J'ajoute qu'un gouvernement absolu (pardon !) a sur ses agents une puissance d'intimidation dont sont privés tous les autres. Sous le régime parlementaire, le pouvoir, c'est-à-dire le ministère, ne pouvait exercer sur ses instruments une pression efficace. Tout-puissant aujourd'hui, demain peut-être il n'existera plus. Un pouvoir si chancelant ne saurait effrayer les fonctionnaires qui semblent être à sa merci.

M. Durozet. C'est évident, — ni même les diriger !

Casimir. Sa voix ne saurait émouvoir que le zèle isolé de quelques candides débutants. Quiconque a deux ou trois années d'expérience administrative sait qu'en se dévouant pour le gouvernement d'aujourd'hui on se brouille avec ses ennemis, — c'est-à-dire le gouvernement de demain. Il ménage ces deux maîtres et leur accorde une égale part d'obéissance. Cette permanente oscillation du fonctionnaire entre le gouvernement présent et le gouvernement futur est la garantie la plus sûre contre les excès de pouvoir...

M. Durozet. A l'appui de cette démonstration,

dont je me plais à constater l'ingénieuse nouveauté, je puis vous raconter une petite histoire assez jolie. C'était en 1839. M. Molé venait de recommander les candidats ministériels au zèle des fonctionnaires placés sous ses ordres. La coalition, cette fameuse coalition où toutes les nuances d'opposition s'étaient harmonieusement fondues, depuis M. Garnier-Pagès...

CASIMIR. La coalition enfin, — ce mot suffit : l'histoire n'en connaîtra jamais de plus célèbre.

M. DUROZET. La coalition, dis-je, répondit à la circulaire ministérielle par une circulaire plus ministérielle encore. M. Molé disait à ses préfets : « Si mon candidat échoue, vous aurez affaire à moi. » — « C'est à nous que vous aurez affaire s'il réussit, répondaient les coalisés; le vrai ministère, c'est nous! Car, avant trois mois, celui qui tient aujourd'hui les portefeuilles nous les aura cédés. Nous aurons besoin de places pour nos amis. Si vous voulez garder la vôtre, acquérez des titres à notre reconnaissance!... » — Ils avaient raison; tout le monde le comprit, et leur voix fut écoutée... — J'ai là un article furibond du *Journal des Débats* à ce sujet... Le voici. Lisez, je vous prie, ces dernières lignes :

CASIMIR (lisant). « Qu'au nom d'un ministère qui « n'est pas encore on adresse, sous forme d'avis of-

« ficieux, une circulaire à tous les fonctionnaires de « France pour les menacer d'une destitution dans le « cas où ils ne mettraient pas leurs suffrages et « leurs consciences aux ordres de l'opposition, d'une « opposition qui porte les drapeaux de toutes les « factions confondus avec le sien, voilà qui est « nouveau, voilà qui est inouï!... A servir le gou-« vernement, destitution; à le trahir, récompense; « au fond, les notes de la coalition n'ont pas d'autre « sens... — Que les voilà bien! ces grands mora-« listes, ces philosophes austères, ces gardiens vigi-« lants de la liberté des consciences et des opi-« nions! » .... Eh bien! le *Journal des Débats* a grand tort, il méconnaît ce ressort du mécanisme constitutionnel, dont je viens de vous démontrer l'utilité, et que je nommerais volontiers la *pondération des influences*.

M. Durozet. Royer-Collard ne l'avait pas prévue, celle-là!...

Casimir. Je laisse les arguments, et je vous démontre — par un fait — que la lutte était bien plus sérieusement engagée sous le régime du suffrage restreint que sous le régime du suffrage universel. Aujourd'hui, vous voyez souvent des députés fort obscurs, pour nous du moins, sur trente mille voix, en obtenir vingt-huit mille, vingt-neuf mille, ou même davantage. Et l'on prétend que le seul mot de *Candidat du gouvernement* opère ce prodige ! Ce n'est pas sérieux ! Autrefois, c'étaient cinq voix, trois, deux, une souvent, qui constituaient la majorité, qui décidaient si tel arrondissement serait représenté par un opposant ou un ministériel, un radical ou un ultra [1]...

M. Durozet. Et si vous pouviez savoir ce qui faisait souvent de l'opposant un opposant, du ministériel un ministériel [2] !...

Casimir. J'ajouterai un dernier mot, monsieur. Si les divers gouvernements, comme vous l'affirmez, ont tous plus ou moins pesé sur les électeurs,

[1] Elections de 1846 :

	Majorité.	Chiffre obtenu par le candidat élu.	
Quimperlé.	80	82	
Châteauroux.	127	127	
Un collége du Nord. . .	236	237	
La Réole.	213	214	
Un collége de la Gironde.	354	352	au scrutin de ballot-
Besançon.	201	201	tage contre 348.
Nevers	142	143, etc., etc.	

[2] « La moitié de nos collègues siégent par hasard plus que par goût sur les bancs qu'ils occupent. On cède aux influences de famille ; on est ministériel par besoin, opposant par humeur. Une fois enrôlé dans un parti, on y reste par fidélité, par habitude, par mauvaise honte. Certains députés ne sont ministériels que parce que leur concurrent aux élections ne l'était pas. On a vu des candidats s'offrir le même jour à l'opposition dans un collége, au ministère dans un autre. Cela n'est pas bien glorieux et n'atteste pas des convictions énergiques ; mais notre pays est ainsi fait. Quand je réfléchis à cet effacement des caractères, il me prend parfois d'amers découragements. » (*La Question de cabinet.*)

vous reconnaîtrez du moins qu'ils apportaient dans l'exercice de cette influence une certaine réserve. Ils poussaient leurs amis dans l'ombre, ne laissaient jamais voir leur main, et, s'ils avaient des candidats préférés, ils ne l'avouaient pas. Le sens politique, les sentiments d'indépendance et de fierté étaient d'ailleurs si développés dans notre corps électoral, que le patronage public du pouvoir, bien loin de rehausser le prestige d'un candidat, l'eût subitement dissipé. C'eût été bien maladroitement solliciter les électeurs que d'afficher devant eux un dévouement systématique au gouvernement[1] ! Hélas ! nous n'avons plus de telles susceptibilités. Le gouvernement a l'audace, je dirais, si je ne craignais pas de jeter entre nous un mot irritant...

M. Durozet. Tiens ! vous avez pris la manière de Jules Favre.

Casimir. Je dirais : il a l'impudence d'agir au grand jour...

M. Durozet. Singulier reproche !... Mon Dieu,

[1] « Nous vivons dans un pays où personne ne veut être ministériel ; quand on n'est pas de l'opposition, on se dit indépendant pour être quelque chose : *Il n'y a pas un candidat devant ses électeurs qui ose avouer qu'il appuie le pouvoir, et les électeurs les plus amis de l'ordre, les plus opposés à toute secousse, repousseraient celui qui se dirait ouvertement ministériel.*

(*La Matinée d'un ministre.*)

oui, il crie aux électeurs, et le plus haut qu'il peut : « Voici trois candidats : Pierre, qui est mon ennemi, Jean, qui m'est indifférent, Paul, qui est mon ami, et que je vous recommande. Pierre entravera mes projets, Jean regardera faire en se croisant les bras, Paul m'aidera. — Choisissez ! »

Casimir. Précisément. Et les candidats eux-mêmes s'empressent de montrer leur attache. Il semble qu'ils en soient fiers, qu'ils s'estiment à l'avance plus populaires et plus forts !

M. Durozet. Vous voudriez donc qu'on supprimât les candidatures officielles ?

Casimir. Oui. Tous les libéraux le demandent avec moi...

M. Durozet. Est-ce tout ?

Casimir. Oh ! non... Je veux qu'on supprime cette autre chaîne qui lie le député au pouvoir : le traitement.

M. Durozet. Mais, si vous n'offrez plus aux députés une juste rémunération du temps qu'ils vous donnent, comment en trouverez-vous ? Il faudra en revenir aux députés fonctionnaires, c'est-à-dire moins indépendants encore que des députés rétribués !

Casimir. Précisément. C'est ce que je veux.

M. Durozet. Très-bien ! La Restauration ouvrait les portes de la Chambre à ses préfets, sous-préfets, receveurs généraux, etc. La République a ses commissaires... Imitez-les.

Casimir. Toujours exagéré ! Je m'en tiendrai au système du gouvernement de Juillet. Les fonctionnaires apporteraient à vos discussions un excellent concours.

M. Durozet. La loi belge n'admet pas ce cumul. L'usage anglais le réduit à une insignifiante exception.

Casimir. Vous êtes aussi prompt à invoquer l'exemple des étrangers, quand par hasard il vous sert, qu'à le repousser quand il vous gêne.

M. Durozet. Ne sortons pas de France ! Quand nous possédions ce système, il excitait les réclamations les plus vives. M. de Broglie comptait, en 1828, que sur quatorze cents députés élus depuis 1815, douze cent cinquante avaient reçu des emplois ou de l'avancement durant le cours de leur mission. Sous Louis-Philippe, je doute que la proportion fût plus faible. La Chambre elle-même se préoccupa souvent de cet abus. Vous connaissez cette fameuse proposition d'incompatibilité à laquelle M. Thiers prêta l'autorité de sa parole?

Casimir. A ce témoignage de M. Thiers opposant

j'opposerai le témoignage de M. Thiers ministre, c'est-à-dire placé dans de bien meilleures conditions pour apprécier les besoins gouvernementaux et les nécessités politiques[1].

M. DUROZET. Est-ce tout ?

CASIMIR. Il faut abolir le serment préalable des candidats... Si du moins on n'exigeait le serment qu'après l'élection consommée, nous pourrions l'accepter... Mais nous forcer à le prêter dès l'abord et sans que nous soyons sûrs du succès, en vérité, c'est trop fort ! Le serment est un obstacle sérieux à la liberté des candidatures : le *Manuel électoral* le dit avec raison.

M. DUROZET. Pas bien sérieux, paraît-il, car vos plus illustres amis, dans leurs petits meetings de famille, se sont décidés à le franchir. S'il y avait eu là plus qu'un détail insignifiant, ceux qui hésitaient au début n'eussent pas été si vite convertis.

CASIMIR. Douteriez-vous, par hasard, de leur probité?

[1] En 1846, dans la circulaire que nous avons déjà citée, il écrivait encore : « Pour moi, je suis convaincu que si l'on n'y prend pas garde, *il n'y aura bientôt plus d'administration*. Le Conseil d'État, la Cour de cassation, la Cour des comptes, les plus hautes fonctions de l'armée et de la diplomatie appartiendront aux plus adroits, aux plus hardis, aux plus obstinés solliciteurs des Chambres. »

M. Durozet. Non. Pour parler sérieusement, je suis convaincu de leur bonne foi. Je le sais : des hommes qui ont blanchi au service du pays, qui y ont passé leur vie et conquis leur nom, ne rentreraient pas dans nos assemblées pour y remplir l'ingrate mission du dénigrement systématique. Ils ne voudraient pas se glisser furtivement dans la place en revêtant l'uniforme, en arborant le drapeau de la garnison pour y nouer des intelligences avec l'ennemi. Ils préféreraient un assaut loyal ou une fière inaction. Ils connaissent trop la France pour se tromper sur les sentiments qui l'animent. Ils sont trop sages pour vouloir lutter contre elle. Ils aiment trop leurs idées pour ne leur pas sacrifier des préférences personnelles, pour n'en pas saluer l'avénement à quelque horizon qu'elles s'élèvent. Ils savent enfin que pour qui s'estime il n'y a qu'une manière de justifier le serment prêté : le tenir !... Leur retour aux affaires publiques serait une adhésion, indépendante peut-être, mais sérieuse et sincère. Il ne m'effrayerait pas. Je vois bien des cas où leur présence serait pour la parole ministérielle un merveilleux secours ; j'en vois plusieurs où elle serait pour eux-mêmes embarrassante. Je n'en vois pas un seul où elle pût être un embarras sérieux pour le gouvernement. Qu'ils viennent donc !... — Vos vœux sont-ils épuisés ?

Casimir. Non. Il faut supprimer le compte-rendu officiel des séances.

M. Durozet. Ne reproduit-il pas tout, tout, tout avec une scrupuleuse exactitude?

Casimir. Eh! c'est pour cela. Il est trop long. Les journaux ne peuvent le donner et personne ne le lit. C'est ce que vous avez voulu. Laissez chaque feuille choisir, comme autrefois, ce qui convient au goût de ses abonnés.

M. Durozet. Ah! vous voudriez revenir à ces analyses mensongères qui faisaient dire au maréchal Bugeaud: « Depuis que nous avons la liberté de la « presse, nous avons perdu la publicité. »

Casimir. Il faut enfin relever la tribune.

M. Durozet. La tribune? c'est une estrade, un théâtre qui effraye les timides et oblige à faire des discours quand deux mots suffiraient. Vous ne l'aurez pas. L'Empereur a contre elle une antipathie de vieille date et très-raisonnée [1].

Casimir. Allons, monsieur, je puis plier bagage. Vous êtes décidément intraitable. Dans ces deux longs entretiens je n'ai pu vous arracher l'ombre d'une concession; et je vois avec bonheur que, pour

[1] Voir note G ce qu'écrivait à ce sujet le prince Louis-Napoléon dans le *Progrès du Pas-de-Calais*.

vous, tout est pour le mieux sous le meilleur des gouvernements possibles.

M. Durozet. Je ne dis pas cela?

Casimir. Mais vous ne m'accordez rien.

M. Durozet. Mais vous demandez des choses impossibles.

Casimir. Comment! Je ne formule rien; je me contenterais, pour commencer, des plus légères réformes, des plus petites améliorations.

M. Durozet. Formulez, formulez, au contraire, et vous verrez, cher monsieur, que ce *rien* que vous demandez si modestement... c'est *tout*.... Vous ne voulez faire qu'un seul pas. Mais il n'y en a plus qu'un à faire pour le moment : c'est le dernier. Sommes-nous prêts?

Casimir. Vous exagérez toujours.

M. Durozet. Non. Pas d'équivoque. Cette petite réforme parlementaire dont vous parlez légèrement, en souriant, comme s'il s'agissait d'un changement de cérémonial : la responsabilité ministérielle? Mais c'est le retour pur et simple au régime parlementaire, où la France s'est perdue deux fois. Cela demande au moins réflexion! — Un pas, en matière électorale, ce n'est pas la suppression des candidatures officielles, c'est la suppression de l'intervention gouvernementale, car je ne pense pas que vous vouliez abolir le patronage public pour tolérer le patronage mystérieux.— Un pas, en matière de presse, c'est le retour au jury, c'est-à-dire à la liberté sans freins. Car vous l'avez vu, juridiction du jury veut dire absence de juridiction.

Casimir. Je ne veux pas aller si loin. Je désire un système intermédiaire qui, tout en garantissant la liberté de la presse, me préserve de ses excès.

M. Durozet. Un système intermédiaire? Vous me rendriez fort heureux en me l'indiquant. Voilà quinze ans que je le cherche. Il est introuvable. Tocqueville l'a dit: *Pour la presse, entre la servitude et la licence pas de milieu.*

Casimir. Mais les tribunaux?

M. Durozet. Impossibles! Ils y sont impuissants et s'y avilissent. Le magistrat est fait pour appliquer des textes. Les délits de presse sont impalpables, indéfinissables. Il y a bien d'autres raisons que je vous épargne. Si l'auteur de la *Démocratie en Amérique* nous avait laissé quelques doutes à ce sujet, M. Vingtain, avec son livre sur la *Liberté de la presse*, les aurait tous éclaircis[1]. Reste la censure!

[1] Voir (note H) ces deux témoignages.

Casimir. Je l'aimerais mieux.

M. Durozet. Peu raisonnable. Elle n'est pas moins arbitraire que la répression administrative. Et, au lieu d'agir sous le contrôle de l'opinion, elle procède dans l'ombre. Oh! indiquez-moi un système intermédiaire, et je l'adopterai avec joie!...

Casimir. Donc, je le répète, vous êtes un satisfait. Vous ne demandez rien. Vous ne voulez pas plus de liberté que nous n'en avons.

M. Durozet. Si, peut-être, mais pas plus de libertés, au pluriel. Pour le moment je me contente du *fait*. Je renonce au *droit*. C'est là notre grande querelle, au fond. Mais je suis convaincu que nous ne pourrions avoir les deux à la fois, et je préfère la proie à l'ombre!

Casimir. Et pourquoi pas les deux?...

M. Durozet. Parce qu'avec le *droit*, avec les libres institutions que vous demandez, nous n'aurions pas encore l'ordre, et que le désordre c'est l'oppression. Le mot est de Casimir Périer...— Que mes intérêts soient sauvegardés, là est pour moi l'important, la forme vient après. Car, quoique vous disiez dans votre culte excessif de la théorie, au bout, au fond de toute question politique, il y a un intérêt. « Le meilleur gouvernement est celui qui doit donner le plus de bonheur possible au plus grand nombre d'hommes possible, » disait Bentham ; et je suis tenté de croire qu'il avait raison. La politique n'est pas un art, comme vous semblez le croire : c'est une grande *affaire*. Aussi, j'approuverais fort le gouvernement s'il disait : « Tant que l'éducation politique du pays ne sera pas plus avancée, que la génération élevée en dehors de la déplorable influence de nos luttes passées ne sera pas en âge de conduire les affaires ; tant que mes ennemis avoués ne seront pas dispersés ou convertis, je laisserai les canons sur les remparts. Si, lassé par les éternelles doléances de ces conseillers suspects, je leur permettais de les enlever, je sais qu'ils n'iraient pas aussitôt les fondre pour frapper des médailles en mon honneur, ni seulement les enclouer, mais qu'ils les retourneraient bel et bien contre moi. Je laisserai les canons sur les remparts, mais ne les tirerai qu'à la dernière extrémité et si l'ennemi veut enfoncer les portes. Je garderai les rênes en main ; mais les laisserai flotter ! Je conserverai les droits, le pouvoir que je possède aujourd'hui, mais j'en userai le moins possible. — Je dirigerai le suffrage universel sans peser sur lui. Je lui désignerai des noms sans les imposer. Pour que cette contrainte soit inutile et que je ne soie même pas tenté de l'exercer, le choix de ces noms sera fait avec un soin scrupuleux. Les candidats répondront toujours au vœu public et seront élus par l'unanime sympathie des électeurs avant de l'être par leur vote. Je ne changerai pas la loi qui régit la presse (je n'y pourrais faire qu'une modification trop grave) : j'en diminuerai l'usage. Si ce n'est le principe même du gouvernement, je laisserai tout discuter. J'userai souvent du *communiqué*, cette réponse qui va trouver l'erreur, la calomnie sur leur propre terrain et les prennent corps à corps. Je ne m'inquiéterai pas des réclamations de ceux qui affectent de ranger cet instrument de légitime défense parmi les pénalités. »

CASIMIR. Tout cela est fort beau. Mais tant que nous n'aurons pas un droit formel, un droit écrit, toutes ces concessions seront purement facultatives. Un ministre les aura faites : un ministre pourra les reprendre. Nous serons à la merci des caprices administratifs. Ce sera, pour tout dire en un mot, le régime du bon plaisir ministériel.

M. DUROZET. Non, monsieur, le bon plaisir est fini. Les ministres ne sont plus les maîtres ; j'ose dire : l'Empereur non plus ! Le seul maître aujourd'hui, c'est l'opinion publique. Elle seule inspire et dirige. Elle seule commande. Si dans ces dernières années elle s'est tue, c'est qu'elle n'avait pas besoin de parler. C'est qu'avant qu'elle eut émis un vœu, exprimé un besoin, ils étaient devinés, exécutés par l'homme qu'elle avait placé sur le trône pour la représenter et qui s'était désigné depuis longtemps à son choix par cette belle parole : « *Marchez à la tête* « *des idées de votre siècle, elles vous soutiennent;* « *marchez à leur suite. elles vous entraînent ; mar-* « *chez contre elles, elle vous renversent*[1]. » Mais le jour où elle se sentirait froissée, elle saurait élever la voix et se faire obéir. Nul ne peut lui interdire l'entrée du Sénat ou du Corps législatif. Sous ce règne de l'opinion, les concessions même tacites, même faites par le seul usage, ne se reprennent pas; ou ne se reprennent du moins qu'en cas de nécessité supérieure et de péril public : en ce cas, l'opinion elle-même applaudit. La sécurité du jour étant de la sorte assurée, nous travaillerons à acquérir ces mœurs de la liberté qui doivent tout précéder ; nous prierons le gouvernement de nous y aider en encourageant l'esprit d'association, en favorisant la décentralisation administrative et intellectuelle[2]. Nous ferons tomber une à une ces chaînes qui ne sont pas dans la loi, mais en nous-mêmes. Nous apprendrons, comme nous y a conviés une auguste parole, « à compter sur nous-mêmes, » et à nous passer des lisières officielles .. (car tout est là, voyez-vous ! et si, pour prendre un seul exemple, le suffrage universel est parfois si étrangement unanime, ce n'est pas qu'on l'opprime, c'est plutôt que les électeurs

[1] L'Empereur disait encore, dans le célèbre discours de 1855, aux exposants : « *A l'époque de civilisation où nous sommes, c'est l'opinion publique qui remporte toujours la dernière victoire.* »

[2] Voir la note I.

veulent s'assurer avant tout un introducteur auprès de la Providence universelle)... — Alors, quand nous aurons fait tous ces progrès, nous arriverons aux libres institutions ; et sautant par-dessus toutes les transactions bâtardes, nous les appliquerons franchement, carrément, résolûment. Car nous aimons la liberté écrite comme vous : il ne peut y avoir entre nous qu'une question d'opportunité. Et quand après cette halte nécessaire, nous nous remettrons en route, vous verrez que nos forces seront décuplées, qu'aucun obstacle sérieux n'entravera plus notre course...

Casimir. Une halte, dites-vous?... Le mot est trop faible ; vous avez fait un pas en arrière.

M. Durozet. Peut-être, pour en faire deux en avant ; comme les pèlerins du moyen âge. C'est ainsi que marche le progrès... Voilà, cher monsieur, tout ce que je pense, tout ce que je crois, tout ce que j'espère. Et c'est, soyez-en convaincu, ce que pensent, croient, espèrent, les dix-neuf vingtièmes de la France, pour lesquels le gouvernement est aussi bien créé que pour le vingtième très-distingué dont vous faites partie.

Casimir. L'avenir nous l'apprendra, monsieur... A peine les élections faites, j'accours à Paris... nous verrons à quelles doctrines l'événement aura donné raison. Ah! si les vôtres passent dans mon département, ce ne sera pas de ma faute !

M. Durozet. J'accepte le défi. A trois mois d'ici!...

Casimir. A trois mois!...

NOTES A LIRE

NOTES

Note A

« Un ministère sans force, sans racines, sans lendemain ; une société anxieuse et se demandant si elle ne s'était pas livrée à la tempête en croyant s'abriter dans le port ; l'opinion public dévoyée, le pouvoir royal en suspicion ; le pouvoir parlementaire conspué, l'industrie en souffrance, les ouvriers mécontents, tout ne semblait-il pas inviter les réformateurs révolutionnaires à un coup d'audace et leur promettre le succès ? »

(Nouvion, *Hist. du règne de Louis-Philippe*, t. IV, p. 373.)

Note B

OPINION DU PRINCE LOUIS-NAPOLÉON

« Sous l'ancien régime, il suffisait de faire partie de la classe dirigeante, c'est-à-dire d'être noble, pour être apte à tous les emplois; mais aujourd'hui, quoiqu'il n'y ait plus de castes, il suffit encore d'appartenir à la nuance politique qui constitue la majorité de la Chambre pour être réputé capable de remplir tous les ministères. C'est là le grand vice de notre organisation constitutionnelle; l'opinion politique de l'homme est tout; la valeur intrinsèque, les connaissances spéciales ne sont rien...

« Le gouvernement constitutionnel eût été, suivant nous, bien mieux établi si le ministère, composé des spécialités les plus éminentes du pays, eût eu à sa tête un seul chef responsable devant les Chambres. Ce véritable président du conseil, contre-signant tous les actes du pouvoir, eût été la personnification de la politique générale; sa seule préoccupation eût été d'expliquer devant les Chambres le système et la marche du gouvernement; les discussions n'eussent rien entravé, la politique du gouvernement eût été expliquée avec plus d'ensemble et de franchise, elle eût été attaquée et modifiée avec plus d'avantages pour tous. Si les Chambres eussent blâmé la politique dirigeante, le président eût cédé la place à un autre; mais son renvoi n'eût pas eu l'effet désastreux des changements actuels de ministère, qui mettent la confusion dans l'administration, la stagnation dans toutes les affaires, l'irrégularité dans toutes les entreprises...

« En un mot, la politique doit avoir son orateur; mais les affaires doivent avoir leurs ministres.

« Aujourd'hui, au contraire, tout est subordonné à la politique; le meilleur organisateur de l'armée, par exemple, donnera sa démission, parce qu'une loi sur les sucres n'aura pas été adoptée; ou bien l'homme qui aura conçu un vaste projet pour l'amélioration de l'agriculture et de l'industrie se retirera devant une loi de recrutement que les Chambres auront rejetée.

« Ce système est non-seulement illogique et absurde, mais il mine profondément la prospérité de la France. »

(*Progrès du Pas-de-Calais*, 17 nov. 1843.)

Les Anglais eux-mêmes commencent à sentir ce que coûtent les mutations trop fréquentes : « Dans une discussion qui a eu lieu, il y a quelques semaines, les nombreux officiers généraux qui siégent à la chambre des Communes se sont plaints de ce que les vicissitudes de la politique, en entraînant un changement trop fréquent de tout le personnel de l'Amirauté, Détruisent tout esprit de suite dans l'administration. A leur avis, le changement qu'amène toute révolution ministérielle ne devrait porter que sur le premier lord et les deux secrétaires. »

(C. Clarigny, *les budgets de la guerre et de la marine en France et en Angleterre.*)

Au sujet de cette instabilité, citons encore ce curieux fragment de la *Matinée d'un ministre*. C'est le ministre qui parle : « Notre chute ne se fera pas longtemps attendre. Ce n'est pas que nous valions moins que le jour où nous sommes devenus ministres. Nous avons gouverné le pays sans éclat, mais sans aucune faute grave, et ainsi que le comportaient les circonstances et l'état de l'opinion ; nous n'avons ni manqué à nos engagements, ni trompé l'espérance qu'on pouvait mettre en nous. *Mais notre tort, et il est grand dans ce pays, est d'avoir duré quelque temps. Le changement plaît : on s'ennuie de nos noms, et toutes les ambitions que contient notre présence aspirent à une crise pour se jeter à la curée.* »

Plus loin, le même personnage dit encore : « La Chambre prononcera entre nous? Soit, j'accepte à l'avance sa décision quand même elle me serait contraire. J'ai confiance dans les institutions de mon pays. Mais j'avoue que, lorsque je vois les hommes chargés de ses destinées, dominés, les uns par des intérêts personnels de l'ordre le plus bas, les autres par des préjugés respectables, mais aveugles, je ne puis m'empêcher de jeter sur l'avenir un regard inquiet et douloureux. »

Note C

« Je suppose que n'avez aucune notion du régime représentatif. L'on vous transporte, nouvel Astolphe, dans la lune, et l'on vous dit : Parmi les nations qui peuplent ce monde, en voici une qui ne sait ce que c'est que repos, calme, sécurité, paix, stabilité. — N'est-elle pas gouvernée ? demandez-vous. — Oh ! il n'en est pas de plus gouvernée dans l'univers, vous est-il répondu ; et, pour en trouver une autre aussi gouvernée que celle-là, vous parcourriez inutilement toutes les planètes, excepté peut-être la terre. Le pouvoir y est immense, horriblement lourd et dispendieux. Les cinq sixièmes des gens qui reçoivent quelque éducation y sont fonctionnaires publics. Mais enfin les gouvernés y ont conquis un droit précieux. Ils nomment périodiquement des représentants qui font toutes les lois, tiennent les cordons de la bourse et forcent le pouvoir, soit dans son action, soit dans sa dépense, à se conformer à leur décision. — Oh ! quel bel ordre, quelle sage économie doivent résulter de ce simple mécanisme ! dites-vous. Certainement ce peuple a dû trouver ou trouvera, à force de tâtonner, le point précis où le gouvernement réalisera le plus de bienfaits aux moindres frais. Comment donc m'annoncez-vous que tout est trouble et confusion sous un si merveilleux régime ? — Il faut que vous sachiez, répond votre cicérone, que, si les habitants de la lune ou les lunatiques aiment prodigieusement à être gouvernés, il y a une chose qu'ils aiment prodigieusement encore, c'est de gouverner. Or ils ont introduit dans leur admirable constitution un petit article, perdu au milieu de beaucoup d'autres, et dont voici le sens : « Les représentants joignent à la faculté de renverser les ministres celle de les remplacer. En conséquence, s'il se forme, — au sein du parlement, — des partis, des oppositions systématiques, des coalitions qui, à force de bruit et de clameurs, à force de grossir et de fausser toutes les questions. parviennent à dépopulariser et faire succomber le ministère sous les coups d'une majorité convenablement préparée à cet effet, les meneurs de ces partis, oppositions et coalitions seront ministres *ipso facto ;* et pendant que ces éléments hétérogènes se disputeront le pouvoir, les ministres déchus, redevenus simples représentants, iront fomenter des alliances, des oppositions et des coalitions nouvelles. » Par le grand Dieu du ciel ! vous écrierez-vous, puisqu'il en est ainsi, je ne suis pas surpris que l'histoire de ce peuple ne soit que l'histoire d'une affreuse et permanente convulsion ! . . . .

« Et ne croyez pas que cette perversité politique n'envahisse au sein du parlement que les âmes vulgaires, les cœurs dévorés d'une ambition de bas étage, les prosaïques amants de places bien rémunérées. Non, elle s'attaque encore et surtout aux âmes d'élite, aux nobles cœurs, aux intelligences puissantes. Pour dompter de tels hommes, il suffit que l'art. 79 éveille au fond de leur conscience, au lieu de cette pensée triviale : « Tu réaliseras tes rêves de fortune, » cette autre pensée bien autrement dominatrice : « Tu réaliseras tes rêves de bien public. » Lord Chatham avait donné des preuves d'un grand désintéressement : M. Guizot n'a jamais été accusé d'adorer le veau d'or. On a vu ces deux hommes dans les coalitions, et qu'y faisaient-ils? Tout ce que peut suggérer la soif du pouvoir, et pis peut-être que ne pourrait suggérer la soif des richesses. Afficher des sentiments qu'ils n'avaient pas ; se parer d'un patriotisme farouche qu'ils n'approuvaient pas ; susciter des embarras au gouvernement de leur pays ; faire échouer les négociations les plus importantes ; pousser le journalisme et l'esprit public dans les voies les plus périlleuses ; créer à leur propre ministère futur les difficultés de tels précédents ; se préparer d'avance de honteuses palinodies, voilà ce qu'ils faisaient. Et pourquoi? Parce que le démon tentateur, caché sous la forme d'un article 79, avait murmuré à leur oreille ces mots, dont depuis l'origine il sait la séduction : « *Eritis sicut dii ;* renversez tout sur votre passage, mais arrivez au pouvoir, et vous serez la providence des peuples. » Et le député, succombant, prononce des discours, expose des doctrines, se livre à des actes que sa conscience réprouve. Il se dit : « Il le faut bien pour me frayer la route. Que je parvienne enfin au ministère, je saurai bien reprendre ma pensée réelle et mes vrais principes. »

« Il est donc bien peu de députés que la perspective du ministère ne fasse dévier de cette ligne de rectitude où leurs commettants avaient le droit de les voir marcher. Encore, si la guerre des portefeuilles, ce fléau que le fabuliste aurait pu faire entrer dans sa triste énumération entre la peste et la famine; si, dis-je, la guerre aux portefeuilles se renfermait dans l'enceinte du palais national! Mais le champ de bataille s'élargit peu à peu jusqu'aux frontières, et par delà les frontières du pays. Les masses belligérantes sont partout; les chefs seuls sont dans la Chambre. Ils savent que, pour arriver au corps de la place, il faut commencer par emporter les ouvrages extérieurs, le journalisme, la popularité, l'opinion, les majorités électorales. Il est donc fatal que toutes ces forces, à mesure qu'elles s'enrôlent pour ou contre la coalition, s'imprègnent et s'imbibent des passions qui s'agitent dans le parlement. Le journalisme, d'un bout à l'autre de la France, ne discute plus, il plaide. Il plaide chaque loi, chaque mesure, non point en ce qu'elles ont de bon ou de mauvais, mais au seul point de vue de l'assistance qu'elles peuvent prêter momentanément à tel ou tel champion.

« Au reste, l'enrôlement des journaux dans la guerre de porfeuilles et le rôle qu'ils y jouent, ont été dévoilés par l'un d'eux en termes qui méritent d'être reproduits ici.

« M. Petetin décrit la presse telle qu'il la comprend, comme « il se plaît à la rêver. De bonne foi, croit-il que lorsque *le* « *Constitutionnel*, *le Siècle*, etc., s'attaquant à M. Guizot, « que, lorsqu'à son tour, *le Journal des Débats* s'en prend « à M. Thiers, ces feuilles combattent uniquement pour l'idée « pure, pour la vérité, provoquées par le besoin intérieur de la « conscience? Définir ainsi la presse, c'est la peindre telle qu'on « l'imagine, ce n'est pas la peindre telle qu'elle est. Il ne nous

« en coûte aucunement de le déclarer, car si nous sommes journalistes, nous le sommes moins par vocation que par circonstance. Nous voyons tous les jours la presse au service des passions humaines, *des ambitions rivales*, *des combinaisons ministérielles*, *des intrigues parlementaires*, des calculs politiques les plus divers, les plus opposés, les moins nobles ; nous la voyons s'y associer étroitement. Mais nous la voyons rarement au service des idées ; et quand, par hasard, il arrive à un journal de s'emparer d'une idée, *ce n'est jamais pour elle-même, c'est toujours comme instrument de défense ou d'*ATTAQUE MINISTÉRIELLE. Celui qui écrit ces lignes parle ici avec expérience. Toutes les fois qu'il a essayé de faire sortir le journalisme de l'ornière des partis pour le faire entrer dans le champ des idées et des réformes, dans la voie des saines applications de la science économique à l'administration publique, il s'est trouvé tout seul, il a dû reconnaître *qu'en dehors du cercle étroit tracé par les lettres assemblées de quatre ou cinq noms propres*, il n'y avait pas de discussion possible, il n'y avait pas de politique. »

(*Presse*, 17 novembre 1845.)

En vérité, je ne sais plus à quelle démonstration recourir si le lecteur n'est pas scandalisé, épouvanté d'un si effroyable aveu !

« Enfin, comme le mal, parti du Parlement, envahit le journalisme par le journalisme il envahit l'opinion publique tout entière. Comment le public ne serait-il pas égaré, quand, jour après jour, *la tribune et la presse* s'appliquent à ne laisser arriver jusqu'à lui que de fausses lueurs, de faux jugements, de fausses citations et de fausses assertions? »

(BASTIAT, *Les Incompatibilités parlementaires.*)

Et pour conclusion il arrive à demander non la chute complète du régime représentatif; mais l'exclusion des députés des fonctions ministérielles.

Enfin voici ce qu'écrivait, le 20 décembre 1852, *de Bruxelles*, aux rédacteurs de la *Presse*, M. Émile de Girardin :

« Il y a des gens, je les connais, qui ne peuvent se consoler que la tribune aux harangues soit muette. Ces gens prétendront que frapper ainsi le gouvernement représentatif lorsqu'il est à terre, c'est manquer de générosité... Peut-être, mais certainement ce n'est pas manquer de prudence. *Le parlementarisme aspirera toujours à se relever* ; *or*, *précisément, ce qu'il ne faut pas souhaiter c'est qu'il se relève.*

« *On a assez discouru pendant trente-cinq années pour ne rien faire. Parler dispense d'agir.* L'impuissance le sait. Au contraire, silence oblige! c'est pourquoi je préfère le silence.

« Le progrès social, c'est le sentiment du peuple et c'est aussi le mien, n'a qu'à gagner à la chute du parlementarisme.

« Si je le pense, pourquoi donc ne le dirais-je pas? Si les rédacteurs de la *Presse* partagent cette opinion qui fut toujours la mienne, ils le savent, pourquoi donc hésiteraient-ils à l'exprimer? Serait-ce dans la crainte de déplaire à MM. Guizot, Berryer, Thiers et à leurs amis sans bercail? Pourquoi cette crainte? Ce qu'ont fait, avant et après 1848, ces pilotes et ces matelots permet de juger avec certitude ce qu'ils feraient si le flux de l'océan politique les ramenait sur la plage d'où le reflux les a éloignés.

« Mon avis n'est donc pas que vous marchiez timidement à la suite des anciens partis, mais que vous marchiez résolûment en tête *et le plus loin possible d'eux. S'ils crient, laissez-les crier.* »

A l'approche des élections nous nous permettrons de rappeler ces sages paroles à l'éminent écrivain de la *Presse.*

Note D

On lit dans *le Précurseur* du 18 mars 1834 :

« Le peuple a maintenant compris que lorsque l'heure de l'insurrection aura sonné, il ne devra déposer les armes qu'après avoir assuré sa victoire, dont on ne saurait désormais lui arracher les fruits. Souteneurs de la monarchie, prenez vos ébats ; gaudissez-vous dans cette fange que le pouvoir vous a pétrie d'or et de boue ; répondez par la force brutale au peuple qui vous demande du pain. Lorsqu'il sera las de vos humiliantes provocations, il laissera retomber sur vos têtes ces fers dont vous l'avez chargé... et tout sera dit. »

Dans *l'Écho de la Fabrique* du 30 mars :

« Le peuple voulait la paix, on lui a répondu par un cri de guerre. Eh bien, soit ! il est prêt au combat. Mais, écoutez, vous qui lui jetez un insolent défi : dès qu'il aura tiré l'épée, il jettera derrière lui le fourreau..... L'association mutuelliste saura prouver qu'elle peut encore se lever comme un seul homme. »

(Cité par Nouvion, t. III, p. 337.)

La presse légitimiste n'est pas moins ardente. Des bruits sinistres ayant circulé sur la captive de Blaye, *le Revenant* dit :

« Après la parole, l'action. Vient une fatale nouvelle, et, sur notre foi, on ne demandera pas où sont les royalistes. Une vie ne peut être payée que par une autre vie. »

(*Id.*, p. 236.)

Note E

« Comment excuser M. de la Fayette, M. Laffitte et leurs amis entrant dans des associations pour la défense de la liberté de la presse, alors que le dévergondage, le cynisme de la presse dépassaient toutes les bornes ; alors que le mensonge, la calomnie, la diffamation s'attaquaient à tous les hommes publics, fonctionnaires, députés, pairs, ministres, les frappaient dans leur honneur et ne s'arrêtaient même pas au seuil de la vie privée; alors que le chef de l'État, que la famille royale étaient en butte aux plus ignobles outrages, et livrés aux mépris de la nation par la plume des gazetiers et par le crayon des caricaturistes ; alors que la religion, que la société étaient vilipendées par le premier venu assez savant pour tenir une plume, et qu'on moralisait le peuple en lui prêchant des doctrines de vengeance, de meurtre et de pillage; alors enfin que la loi manquait à la répression de tels excès, ou qu'elle était frappée d'impuissance par l'inintelligence ou par la lâcheté du jury ! N'étaient-ce donc pas les institutions, n'était-ce pas la société qui avait besoin d'être défendue non contre la liberté, mais contre la licence de la presse. »

(V. de Nouvion, *Histoire du règne de Louis-Philippe.*)

Note F

« Mon intention n'est pas de forcer la Chambre à s'appesantir plus qu'il n'est nécessaire sur ces tristes détails ; je me bornerai à m'adresser à mes adversaires eux-mêmes, à mes collègues de la majorité ministérielle. Je les prie de faire pour leur propre usage une sorte de revue statistique des colléges électoraux qui les ont envoyés dans cette Chambre ; qu'ils composent une première catégorie de ceux qui ne votent pour eux que par suite, non pas d'opinions politiques, mais de sentiments d'amitié particulière ou de bon voisinage. Dans une seconde catégorie, qu'ils mettent ceux qui votent pour eux, non pas dans un point de vue d'intérêt public ou d'intérêt général, mais dans un point de vue d'intérêt purement local. A cette seconde catégorie qu'ils en ajoutent enfin une troisième, composée de ceux qui votent pour eux pour des motifs d'intérêt purement individuel, et je leur demande si ceux qui votent par un sentiment public désintéressé, par suite d'opinions, de passions publiques, si ceux-là forment la majorité des électeurs qui leur ont conféré le mandat de député. Je m'assure qu'ils découvriront aisément le contraire. Je me permettrai encore de leur demander si, à leur connaissance, depuis cinq ans, dix ans, quinze ans, le nombre de ceux qui votent pour eux par suite d'intérêt personnel et particulier ne croît pas sans cesse, si le nombre de ceux qui votent pour eux par opinion politique ne décroît pas sans cesse ? Qu'ils me disent enfin si, autour d'eux, sous leurs yeux, il ne s'établit pas peu à peu dans l'opinion publique une sorte de tolérance singulière pour les faits dont je parle ; si, peu à peu, il ne se fait pas une sorte de morale vulgaire et basse, suivant laquelle tout homme qui possède des droits politiques se doit à lui-même, doit à ses enfants, à sa femme, à ses parents de faire un usage personnel de ces droits dans leur intérêt; si cela ne s'élève pas graduellement jusqu'à devenir une espèce de devoir de père de famille? Si cette morale nouvelle, inconnue dans les grands temps de notre histoire, inconnue au commencement de notre révolution, ne se développe pas de plus en plus et n'envahit pas chaque jour les esprits? Je le leur demande.

« Or, qu'est-ce que tout cela, si ce n'est une dégradation successive et profonde, une dépravation de plus en plus complète des mœurs publiques?

« Et si, passant de la vie publique à la vie privée, je considère ce qui se passe; si je fais attention à tout ce dont vous avez été témoins, particulièrement depuis un an, à tous ces scandales éclatants, à tous ces crimes, à toutes ces fautes, à tous ces délits, à tous ces vices extraordinaires que chaque circonstance a semblé faire apparaître de toutes parts, que chaque instance judiciaire révèle; si je fais attention à tout cela, n'ai-je pas lieu d'être effrayé?

« On a dit qu'il y avait deux morales : une morale politique et une morale de la vie privée. Certes, si ce qui se passe parmi nous est tel que je le vois, jamais la fausseté d'une telle maxime n'a été prouvée d'une manière plus éclatante et plus malheureuse que de nos jours. Oui, je crois qu'il se passe dans nos mœurs privées quelque chose qui est de nature à alarmer les bons citoyens, et je crois que ce qui se passe dans nos mœurs privées tient en grande partie à ce qui arrive à nos mœurs publiques.

« Mais c'est surtout parce que M. le ministre des affaires étrangères a appelé l'abus des influences que le mal moral dont je parlais tout à l'heure s'est répandu, s'est généralisé, a pénétré dans le pays..... Je sais bien que MM. les ministres ont été exposés à une tentation immense, je sais bien que dans aucun temps, dans aucun pays, un gouvernement n'a eu à en subir une semblable; que nulle part le pouvoir n'a eu dans ses mains tant de moyens de corrompre, et n'a eu en face de lui une classe politique tellement restreinte et livrée à de tels besoins, que la facilité d'agir sur elle par la corruption paraît plus grande, le désir d'agir sur elle plus irrésistible. J'admets que ce n'est pas par un désir prémédité de ne faire vibrer chez les hommes que la seule corde de l'intérêt privé que les ministres ont commis ce grand mal : je sais bien qu'ils ont été entraînés sur une pente rapide sur laquelle il était bien difficile de se tenir.....

« Je vous assure dans la sincérité de mon cœur que je suis non-seulement attristé, mais navré de ce que je lis, de ce que j'entends tous les jours, je suis navré quand je vois le parti qu'on tire contre nous des faits dont je parle, les conséquences exagérées qu'on en tire contre la nation tout entière, contre le caractère national tout entier ; je suis navré quand je vois à quel degré non-seulement la puissance de la France s'affaiblit, mais la puissance de ses principes, de ses idées, de ses sentiments.

« La France avait jeté dans le monde, la première, au milieu des fracas du tonnerre de sa première révolution, des principes qui, depuis, se sont trouvés des principes régénérateurs de toutes les sociétés modernes. Ç'a été sa gloire, c'est la plus précieuse partie d'elle-même. *Eh bien! messieurs, ce sont ces principes-là que nos exemples affaiblissent aujourd'hui. L'application que nous semblons en faire nous-mêmes fait que le monde doute d'eux. L'Europe qui nous regarde commence à se demander si nous avons raison ou tort; elle se demande si, en effet, comme nous l'avons répété tant de fois, nous conduisons les sociétés humaines vers un avenir plus heureux et plus prospère, ou bien si nous les entraînons à notre suite vers les misères morales et la ruine.* Voilà, messieurs, ce qui me fait le plus de peine dans le spectacle que nous donnons au monde. Non-seulement il nous nuit, mais il nuit à nos principes, il nuit à notre cause, il nuit à cette patrie intellectuelle à laquelle, pour mon compte, comme Français, je tiens plus qu'à la patrie physique et matérielle qui est sous mes yeux. . . . .

« Croyez-vous qu'il ne s'en soit pas suivi, pour beaucoup de cœurs honnêtes, une sorte de désillusionnement de la politique, *un affaissement réel des âmes.* »

(TOCQUEVILLE, Discours prononcé le 27 janvier 1848.)

NOTE G

« Il y a dans le parlement anglais une disposition qui entraîne de très-graves conséquences, quoique en apparence elle semble très-insignifiante. C'est l'absence de tribune, c'est-à-dire de chaire où se tiennent les orateurs. Chacun parle de sa place. Or, cette coutume permet aux plus modestes talents de se faire entendre sans les obliger à faire de discours.

« Les graves désavantages de la tribune c'est de ne permettre qu'aux orateurs consommés de parler et souvent les grands orateurs ne sont pas les plus logiques, ni ceux qui approfondissent le mieux les questions. Il y a beaucoup de députés, nous en sommes persuadé, qui, doués de vastes connaissances, prendraient souvent la parole s'ils pouvaient le faire de leur place sans être forcés de monter à la tribune, ce qui effraye tous ceux qui n'ont pas une grande habitude de parler en public. Lorsqu'en France un député veut faire de sa place quelques observations, on lui crie sans cesse : « Montez à la tribune! » ce qui veut dire : « Nous ne voulons pas entendre quelques mots sensés qui éclairassent la question : nous voulons un discours en trois points, avec exorde et péroraison. »

« Avec une tribune une chambre ressemble trop à un théâtre où les grands acteurs seuls peuvent réussir. Sans tribune, au contraire, les Chambres prennent le caractère de réunions d'hommes graves qui discutent leurs intérêts sans emphase et sans apparat. Avec une tribune les avocats seuls remportent, en général, tous les triomphes; sans tribune, tout homme de bon sens peut exercer l'influence que donne sur ses semblables l'expression d'un sentiment vrai, d'une idée juste, dépouillée de toute ostentation et de tout luxe de paroles. »

(*Progrès du Pas-de-Calais*, 18 septembre 1845.)

Note II

« Les Américains croient d'ailleurs que les tribunaux sont impuissants pour modérer la presse, et que la souplesse du langage humain, échappant sans cesse à l'analyse judiciaire, les délits de cette nature se dérobent en quelque sorte sous la main qui s'étend pour les saisir. Ils pensent qu'afin de pouvoir agir efficacement sur la presse, il faudrait trouver un tribunal qui, non-seulement fût dévoué à l'ordre existant, mais encore pût se placer au-dessus de l'opinion publique qui s'agite autour de lui ; un tribunal qui jugeât sans admettre la publicité, prononçât sans motiver ses arrêts et punît l'intention plus encore que les paroles. Quiconque aurait le pouvoir de créer et de maintenir un semblable tribunal perdrait son temps à poursuivre la liberté de la presse ; car alors il serait le maître absolu de la société elle-même, et pourrait se débarrasser des écrivains en même temps que des écrits. En matière de presse, *il n'y a donc réellement pas de milieu entre la servitude et la licence.* Pour recueillir les biens inestimables qu'assurent la liberté de la presse, il faut savoir se soumettre aux maux qu'elle fait naître. Vouloir obtenir les uns en échappant aux autres, c'est se livrer à l'une de ces illusions dont se bercent d'ordinaire les nations malades, alors que fatiguées de luttes et épuisées d'efforts, elles cherchent les moyens de faire coexister à la fois, sur le même sol, des opinions ennemies et des principes contraires. »

(TOCQUEVILLE, *La Démocratie en Amérique.*)

« En tous cas les tribunaux correctionnels doivent être mis hors du débat, et cela à plus d'un titre. Et d'abord les corps de judicature n'ont rien à gagner à être revêtus de juridictions politiques, leur immixtion dans les débats passionnés de l'opinion publique n'a jamais fait que les affaiblir et les compromettre, première et importante considération. Ici, il s'agit de législation pénale : or, en pareille matière, le juge ne peut suppléer en rien au texte de la loi ; il doit y trouver non-seulement la désignation précise de l'infraction qu'il est appelé à réprimer, mais encore, avec elle, les circonstances qui aggravent la culpabilité de son auteur. Organe de la loi, comme on a si exactement défini le magistrat, il doit se borner à reconnaître le texte législatif qui a prévu le méfait dont le châtiment est réclamé, et prendre dans le texte même de la loi la sentence qu'il prononce.....

« En est-il de même en matière de répression des délits de presse. J'ai démontré plus haut que ces délits échappaient à la définition légale. »

(L. VINGTAIN, *De la liberté de la presse.*)

Note I

« Le premier consul disait un jour au conseil d'État : « Je
« vois bien un pouvoir législatif; mais le reste de la nation,
« qu'est-ce? des grains de sable... Il faut jeter dans le sol des
« blocs de granit sur lesquels nous élèverons un nouveau sys-
« tème. »

« Le temps lui a manqué pour achever son œuvre; mais toujours est-il que son génie transcendant reconnaissait qu'un peuple comme le nôtre, sorti tout entier d'une révolution, ne pouvait défendre et conserver ses nouveaux droits, ses nouveaux intérêts qu'au moyen d'une organisation précise et régulière. Il prévoyait que si l'ancien régime avait péri par l'excès des *corporations*, le nouveau pouvait périr à son tour par l'excès de l'*individualisme*, c'est-à-dire l'isolement de l'individu. »

Œuvres de Napoléon III, tome II, p. 57.

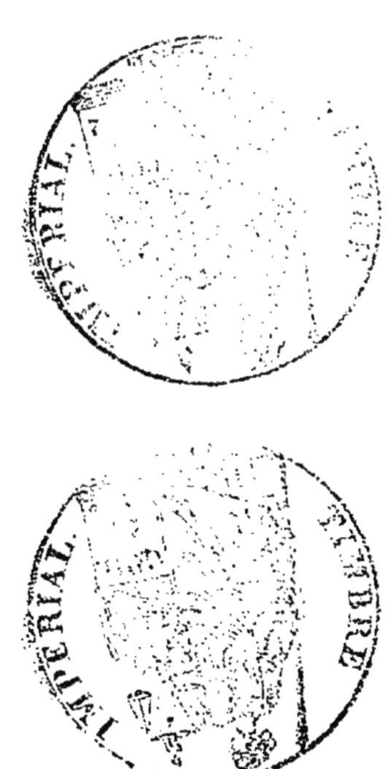

www.ingramcontent.com/pod-product-compliance
Ingram Content Group UK Ltd.
Pitfield, Milton Keynes, MK11 3LW, UK
UKHW021059200726
13857UKWH00003B/1009